George Barna

El poder de la visión

Cómo captar y aplicar la visión para desarrollar tu liderazgo

Liderazgo 413
Un sello de Editorial Peniel
www.editorialpeniel.com

El poder de la visión
George Barna

Publicado por *Editorial Peniel*
Boedo 25 (1206) Buenos Aires - Argentina
Tel/Fax: (54-11) 4981-6178 / 6034
web site: www.editorialpeniel.com
e-mail: info@peniel.com.ar

Publicado originalmente con el título:
The power of vision
by Regal Books
Ventura, California, EE.UU.

Traducción al español: Ronald Barba
Diseño de cubierta e interior: arte@peniel.com.ar

ISBN N: 987-9038-79-7
Producto N: 316095

Liderazgo 413 es el sello para líderes de Editorial Peniel.

Edición Nº I Año 2002

Impreso en Colombia
Printed in Colombia

Contenido

Agradecimientos

En 1983 mi esposa y yo comenzamos a asistir a una iglesia fuera de lo común cerca de nuestra casa, la que, en ese momento, estaba en los suburbios occidentales de Chicago. La iglesia era *Willow Creek*, y su pastor, Bill Hybels. Muchos elementos hicieron que esa iglesia fuera muy especial para nosotros. Quizás el más conmovedor de sus rasgos era la firme devoción de los líderes de la iglesia hacia su visión por el ministerio. Por primera vez yo era miembro de una iglesia que servía en base a la visión que Dios le había dado a la congregación.

Willow Creek transformó mi vida de muchas maneras, pero el impacto más grande fue ver la importancia y el papel que la iglesia le daba a su visión. Desde entonces he tenido el privilegio de trabajar con cientos de iglesias, con ministerios paraeclesiásticos y muchas entidades sin fines de lucro, y he evaluado cómo la visión afecta sus trabajos.

Este libro es el resultado de esos años de estudio. Se ha vuelto mi pasión ver a la iglesia guiada por verdaderos líderes, es decir, por personas que han abrazado la visión de Dios para su ministerio y por consiguiente se entregan a sí mismos para vivir esa visión.

Deseo agradecer a dos grupos de personas que me apoyaron en el camino. Los maestros comprenden el primer grupo. Ellos son los visionarios que han modelado el proceso para mí y los que me han exhortado a investigarlo más profundamente. Aunque muchos maestros han sido una parte de esa curva de aprendizaje, mis agradecimientos especiales deben ser para Bill Hybels, Don Seltzer, Luder Whitlock y

Ron Sider, por demostrar la visión en el ministerio.

Ocasionalmente, sus acciones o palabras me confundieron. Pero en la reflexión más profunda de las circunstancias, he llegado siempre a comprender la motivación que tenían para recuperar su visión por el ministerio.

Los instructores constituyen el segundo grupo. Ellos son mi equipo de compañeros en el Grupo de Investigaciones Barna, que trabajan anónimamente en las trincheras de la investigación y comercialización, y que me proporcionan el tiempo que necesito para sondear organizaciones, cuestionar líderes, desafiar ministerios y finalmente compilar lo que he aprendido de los libros. El equipo actual incluye a Cindy Coats, Keith Deaville, Gwen Ingram, Vibeke Klocke, Paul Rottler, Ron Sellers y Vince Vaughan. Estoy agradecido por la habilidad que tienen para realizar el trabajo y por trabajar tan profesionalmente durante mi ausencia.

Finalmente, doy gracias por mi esposa Nancy, el apoyo fundamental. Sus sacrificios de tiempo y de atención produjeron los períodos de firme concentración que necesité para completar este proyecto. Al entrar en la era de la paternidad, oro a Dios y sé que Él verá lo que es apropiado para proveernos de los recursos para continuar en pos de la visión que nos ha dado para nuestro ministerio a través del Grupo de Investigaciones Barna.

Introducción

La visión en el mercado

En la Biblia versión Reina Valera, Proverbios 29:18 dice: *"Sin profecía el pueblo se desenfrena"*. Aunque la traducción de la Nueva Versión Internacional es algo diferente, el impacto es igualmente poderoso: *"Donde no hay visión, el pueblo se extravía"*.

A menos que el pueblo de Dios tenga un claro entendimiento de hacia dónde va, la probabilidad de un viaje exitoso se verá severamente limitada. A menos que obedezcas al llamado de Dios en tu vida y ministerio, probablemente experimentarás confusión, cansancio, distracción y falta de poder.

Si eres como la gran mayoría de los cristianos, entonces seguramente estarás vagamente familiarizado con el concepto de la visión, porque has pasado poco tiempo e invertido un pequeño esfuerzo al intentar llegar a ser un cristiano visionario. De hecho, con las recientes técnicas de la Nueva Era, tales como la "visión mental" que gana la atención en el mercado, la noción de asociar la fe cristiana con la visión puede parecer impropia o poco ortodoxa.

La realidad es, sin embargo, que puedes ver la importancia de la visión para el ministerio en las vidas de cada significativo líder cristiano, si recorres desde los antiguos como Abraham hasta modernos como Billy Graham y Bill Hybels.

Como la comunidad comercial, el movimiento de la Nueva Era y las agencias públicas abrazan la importancia de la visión y adaptan los procedimientos del desarrollo de la misma a su especializada visión del mundo y a sus esfuerzos, nosotros debemos comprender que la verdadera visión es impartida por Dios a su pueblo escogido para permitirle conocer su mente y hacer su voluntad. El producto de vivir en esa visión, invariablemente, es uno de los beneficios para todas aquellas personas que son influenciadas por un líder visionario.

Los seminarios evangélicos virtualmente ignoran la visión como una dimensión crucial para el ministerio

Pero, ¿cuántos cristianos –o más directamente– cuántos líderes cristianos, operan día a día con un claro sentido de la visión de Dios para sus ministerios?

Esa pregunta realmente me ha perseguido por algún tiempo. Desde que empecé a trabajar íntimamente con las iglesias cristianas, siempre he tenido la curiosidad de saber qué es lo que hace efectivos a algunos de ellos y qué es lo que les impide a otros darse cuenta de la plenitud de su potencial. Al evaluar a las iglesias crecientes y saludables, y compararlas con las que están estancadas o en decadencia, una de las diferencias más importantes que surgen, es la existencia de la verdadera visión para el ministerio.

En cada una de las iglesias crecientes y saludables que estudié, un eslabón perceptible ha sido forjado entre el crecimiento espiritual y numérico de esas congregaciones, la existencia, la articulación y la propiedad extendida de la visión de Dios para el ministerio en los líderes y participantes de la iglesia. Recíprocamente, las congregaciones sin visión, fallan al experimentar el crecimiento espiritual y numérico. En mi investigación, muy raras veces encuentro por escrito tales evidentes relaciones.

LA CARENCIA DE VISIÓN

Esta relación me hizo excavar un poco más profundo en la investigación, para determinar por qué tantas iglesias estarían guiadas por individuos que carecen de un recurso tan crucial como la visión.

La primera y pequeña evidencia descubierta, era que la mayoría de los seminarios virtualmente ignoran la visión como una dimensión capital del ministerio. Aunque nosotros creemos en esas instituciones para que nuestros líderes sean capacitados y que además filtren a los que son incapaces para asumir roles ministeriales, la evidencia realmente nos convence de que nuestros seminarios fallan al tratar la visión con el respeto y el énfasis correspondientes. Esto también es cierto, incluso en la gran mayoría de los graduados de las escuelas seculares de negocios.

El segundo descubrimiento que surgió de mi búsqueda, fue la aparente negativa de los cristianos intelectuales, teólogos, maestros y autores para manejar este asunto. Es raro encontrar una porción de literatura cristiana que incluya una discusión significativa sobre la importancia y el papel de la visión. Si el enfoque de ese escrito es el crecimiento de la iglesia, el liderazgo, la dirección, el mercadeo, el servicio pastoral o los estudios colectivos, pocos autores cristianos se han dirigido directamente al tema. Los escritores que han mencionado el concepto lo hacen de una manera relativamente superficial: reconocen la importancia de la visión, pero no toman la consideración a un nivel más profundo o más práctico.

Pero también me sorprendió el hecho de encontrar que virtualmente es imposible conseguir un libro secular respetable sobre liderazgo y dirección comercial que no contenga una exposición significativa de la visión en el desarrollo y en la actividad de la organización. Aunque estos libros fueron escritos con una perspectiva diferente a la de los libros cristianos examinados, es decir, miran el provecho financiero en lugar de la ganancia espiritual, reconocen claramente el valor de la visión en el proceso del liderazgo y promueven su función.

Recientemente, el Grupo de Investigaciones Barna llevó el tema un poco más allá y preguntó a un grupo de varios miles de líderes cristianos, a través de una encuesta, sobre su interés en recibir información y enseñanza relacionada con varios aspectos del ministerio. El tema que demandó mayor interés fue cómo ellos podían captar la visión de Dios para sus ministerios. Aunque eran individuos que habían obtenido grados teológicos avanzados y por lo general tenían muchos años de experiencia pastoral, admitieron que la visión era algo que no habían entendido totalmente y tampoco la habían empleado con eficacia. Para crédito de esos líderes, eran bastante sabios al comprender que si abrazaban la visión que Dios tenía para sus ministerios, obtendrían grandes beneficios en sus labores.

EL PROPÓSITO DE ESTE LIBRO

En las páginas siguientes espero que obtengas la más plena comprensión del concepto, el proceso, los parámetros y el impacto de la visión. A diferencia de los libros con orientación comercial que he leído sobre el tema, este supone que tu objetivo en tu vida y ministerio no es un provecho financiero, ni tampoco recibir la adulación de grandes multitudes de personas. Este libro asume que tu meta es ajustar tu corazón, tu mente y tus acciones con los deseos e intenciones de Dios para tu ministerio.

El líder necesita los recursos, las oraciones y la ayuda de la organización, si quiere que la visión tenga éxito

El objetivo es permitir a los líderes entender la mente de Dios con relación a su llamado, para que la obediencia a la visión de Dios sea una cuestión de hecho. Creo que si abrazas la visión que Dios tiene preparada para que le sirvas, veras cómo Él se preocupa por tu vida, lo entusiasmado que está en profundizar la relación de amo y siervo. Además, descubrirás las oportunidades que están listas para ser alcanzadas.

Varios capítulos tratan sobre la importancia de que tanto los pastores, líderes y miembros de la congregación puedan entender el proceso de ejecutar la visión, y cómo esta impactará a la iglesia, transformará la misión y el ministerio. Aunque la visión debe ser del pastor principal, él necesitará de la aceptación, la contribución y las oraciones de la congregación si quiere tener éxito. El último capítulo anima a todos los cristianos a que consideren el uso de este libro como una guía para hacer funcionar la visión en sus ministerios individuales.

La información presentada en "El poder de la visión" posiblemente no cause que tu corazón anhele la dirección de Dios, o que inviertas tu tiempo en las actividades que solo traen gloria a su nombre. Sin embargo, las perspectivas aquí proporcionadas pueden, con tu voluntad y la bendición del Señor, identificar las maneras de pensar y comportarse, que permitan a Dios impartir su visión con la claridad necesaria para que puedas seguirla con energía, alegría y pasión. La visión para el ministerio está relacionada con el estado de nuestro corazón y con la voluntad para consagrar en servicio a Dios cada recurso a nuestra disposición.

Mis fuentes de información sobre el papel de la visión en el ministerio son variadas. Algunas de las perspectivas ofrecidas son el resultado de entrevistas con líderes visionarios en la comunidad cristiana. Parte de la información está basada en mi estudio sobre los líderes de la iglesia. Eso fue producto de entrevistas personales y observaciones sobre cómo llevaron a cabo y modelaron la visión del ministerio.

Otros aspectos fueron recibidos a través de la lectura de la Biblia y también al estudiar las vidas de visionarios que han servido a Dios y a su pueblo en formas significativas. La información adicional vino de estudios de algunos casos relacionados al proceso y al papel de la visión dentro del contexto ministerial de la iglesia local.

Dado el hecho de que me fue imposible encontrar un tratamiento comprensivo de la visión entre los muchos libros cristianos que hablan sobre el liderazgo y crecimiento de la iglesia, mi oración es que este libro ofrezca una apreciación amplia pero lo suficientemente específica y práctica de lo que es la visión para el ministerio.

Algunos de los capítulos que consideran la importancia o los beneficios de la visión, pueden no ser pertinentes al estado actual de nuestra mente o quizás no tocar las necesidades específicas de la visión. Alternativamente, algunas de las otras secciones, como aquellas que tratan sobre los procedimientos para captar la visión de Dios, puede que no sean lo que buscas mientras luchas por determinar lo importante que es, y cómo relacionarla con tu proceso de crecimiento. Mi consejo es que te enfoques en el material contenido en estas páginas, ya que te acercarán más a Dios, engrandecerán el impacto de tu ministerio y te prepararán mejor para las abundantes oportunidades del liderazgo en que te encuentras.

Debes comprender que el verdadero liderazgo empieza con la visión. Para un líder cristiano, es decir, un individuo escogido por Dios para llevar a su pueblo hacia adelante, la visión no puede ser considerada como una opción. Es la visión de Dios que instruye al líder y dirige sus pasos. Si por cualquier razón intentas guiar al pueblo del Señor sin la visión de Él, simplemente estás jugando un juego peligroso. Es un juego que no agrada a Dios ni satisface a las personas.

De la misma manera en que el escritor de Proverbios exhortó a las personas a "simplemente adquirir sabiduría", creo que la Palabra de Dios nos amonesta en forma menos directa, pero de ninguna manera menos persuasiva y penetrante a "simplemente adquirir visión". Sin tener en cuenta el costo, adquiere la visión de Dios para tu liderazgo.

UNO

Los expertos de la visión

PUNTOS DESTACADOS DEL CAPÍTULO

La visión transciende al tiempo. Los verdaderos visionarios tienen mucho en común sin tener en cuenta el tiempo en que viven.

Puesto que la gente de Dios busca guiar a las iglesias, el abrazar la visión de Dios para ese ministerio requiere de una inversión en esa visión.

Los que Dios escoge para líderes, pueden ser eficientes sin tener en cuenta sus calificaciones terrenales.

¿Es la visión un nuevo concepto?

"De los judíos cinco veces he recibido cuarenta azotes menos uno. Tres veces he sido azotado con varas; una vez apedreado; tres veces he padecido naufragio; una noche y un día he estado como náufrago en alta mar; en caminos muchas veces; en peligros de ríos, peligros de ladrones, peligros de los de mi nación, peligros de los gentiles, peligros en la ciudad, peligros en el desierto, peligros en el mar, peligros entre falsos hermanos; en trabajo y fatiga, en muchos desvelos, en hambre y sed, en muchos ayunos, en frío y en desnudez" (2 Corintios 11:24-27).

Esta es la historia del apóstol Pablo. No es el cuento de un hombre que no tenía nada mejor que hacer con su vida, o que no tenía otras opciones. Pablo era bien educado, templado, era un líder. En virtud de sus antecedentes, fue un hombre con muchas posibilidades. Pero un día se determinó a servir a Jesucristo, al líder espiritual al que antes había perseguido. Ahora, como resultado de este cambio total, tenía que soportar un ultrajante sufrimiento y sacrificio personal. Esa decisión fue consciente, sorprendente y extraordinaria. ¿Por qué razón?

El apóstol era un individuo determinado a cumplir con la misión del ministerio que Dios le había confiado.

Veamos la vislumbre que nos da, cómo comprendió la visión para el ministerio que Dios le había preparado. En 2 Timoteo 1:11 revela la naturaleza de su llamado: "Mi trabajo es ser predicador, apóstol y maestro". En otras cartas, Pablo bosqueja los aspectos de su visión para el ministerio. No obstante, es en el libro de los Hechos dónde ofrece la más clara perspectiva acerca de la visión de Dios para su ministerio.

A lo largo de la segunda mitad del libro, vemos a Pablo predicando, enseñando, amonestando y plantando iglesias con un fervor que no encontramos en una persona que simplemente cobra un salario. Pablo estaba convencido del plan de Dios para su vida, y trabajó incansablemente para cumplir el llamado de Dios. Estaba obligado, por la visión del Señor, a comprometer su vida cada día hasta hacerla una realidad.

UN PRECEDENTE PARA LA PASIÓN

La pasión de Pablo tenía precedentes. Cientos de años antes otro joven había tenido una visión similar de cómo su vida podía ser dedicada para la gloria de su Dios. David se convirtió en el segundo rey de Israel, y es descrito como un hombre conforme al propio corazón de Dios. O, puesto de otra manera, fue alguien que captó la visión de Dios para su vida, un hombre cuyo servicio y adoración ejemplifica el espíritu y el compromiso de una persona en profunda comunión con Dios, y que estaba dedicado a llevar adelante tareas específicas que el Señor le había ordenado.

En su tiempo, David reemplazó a Saúl como rey, aunque con renuencias. Fue necesario desplazar a Saúl de su enaltecida posición de liderazgo por haber perdido la visión de Dios, debido a que veía su posición en términos humanos e intentó servir en su propia fuerza. Su conducta desagradó tanto a Dios que el profeta Samuel, que lo había ungido como rey, tuvo que hacer un cambio repentino de planes, ya que el orgullo y la desobediencia de Saúl habían sido la causa de la destitución, y se quedó fuera del favor divino y del trono de Israel (1 Samuel 13:14).

David, en contraste, reflejaba humildad, obediencia, compasión y dedicación a Dios, lo que marca a un verdadero líder visionario. No puedes leer los Salmos atribuidos a David sin quedar impresionado por su pasión de conocer y servir a Dios. No puedes pasar por alto la clara sensación de destino que Dios había instalado dentro de él. Como todos los líderes visionarios, David era humano, y como tal, cometió errores. Pero una de sus sobresalientes cualidades era su ardiente deseo de permanecer fiel a la visión por el futuro que Dios había puesto en su corazón, con lo que el Señor le permitió trabajar y continuar a pesar de las debilidades de su naturaleza humana.

Otros líderes bíblicos emergen como personas movidas por la visión de Dios para sus vidas. Nehemías fue responsable de la reconstrucción de los muros de Jerusalén; arriesgó su vida en manos del rey Artajerjes y de varias tribus enemigas. Su audaz discurso, sus valerosos enfrentamientos con sus oponentes y sus profundas instrucciones para los judíos que luchaban junto a él por reconstruir la ciudad santa, fueron un testimonio de la visión para su vida que había recibido de Dios.

La visión confiada a Moisés no se enfocaba en deseos egoístas, sino en una generosa búsqueda para reconciliar al mundo con su Creador

Después de un intenso período de lamento, lloro, ayuno y oración, Nehemías recibió del Señor una clara visión de cómo enfocaría su vida para cumplir con el servicio divino. Lejos de sucumbir por el miedo y de retirarse de su confortable vida en la corte del rey, se mantuvo firme en los principios de la visión, en el trabajo específico que *"mi Dios había puesto en mi corazón que hiciese en Jerusalén"* (Nehemías 2:12).

Moisés, el más incierto candidato para la grandeza, recibió un claro llamado de Dios para servirle en una forma especial. Como toda verdadera visión impartida por Dios, la confiada a Moisés no se enfocaba en satisfacer los deseos egoístas de la gente, sino en una generosa búsqueda para reconciliar al mundo con su Creador. Aunque Moisés había sido abandonado por sus padres, y era culpable de asesinato por lo que vivía en el exilio, Dios lo designó para guiar a Israel a la Tierra Prometida, para salvar a su pueblo de la opresión de la mano de los egipcios.

En ese proceso, Moisés vivió una vida nómada e incómoda por cuatro décadas, en las que guió a una indócil, irrespetuosa, triste y quejumbrosa banda de gente a través de tiempos de sacrificio, duda, dolor e incomodidad. Pero llevado de la mano por la visión de Dios para guiar a aquella gente, permaneció, fue un fiel siervo de Dios.

VISIONARIOS MODERNOS

La visión ha florecido aún más allá de las vidas de los personajes bíblicos. Contemporáneos nuestros, hay numerosos ejemplos de personas las que, por normas humanas se mostraron como pequeñas promesas para la grandeza y como pequeñas esperanzas de ser capaces de cambiar las vidas de la gente alrededor del mundo.

Pero ellos captaron la visión de Dios para sus liderazgos y vivieron con un poder y una energía que indiscutiblemente superaban sus capacidades naturales, y con tal fuerza de compromiso que excedía por mucho a cualquier cosa que previamente hayan demostrado en sus vidas. Los resultados de sus esfuerzos más adelante demostrarían el poder de Dios que obraba en ellos.

Una transformación indiscutible

Una diminuta mujer en Calcuta, que conocemos hoy en día como la Madre Teresa, no era más que alguien común al principio de su vida. Sus colegas en el convento han remarcado que ella no era nada especial como estudiante, como líder o como alguien que buscaba complacer a Dios. Sin embargo, después de años de oración y con un espíritu quebrantado por el Señor, emergió como una líder sobresaliente, fue movida más allá de la complacencia, hacia una profunda compasión por el más pobre de los pobres.

Adquirió un coraje desconocido para ella, pidió que su orden religiosa le permitiera iniciar un ministerio en la India para cuidar de los que estaban tan enfermos que ninguna otra gente ni otras organizaciones querían cuidar.

¿Por qué arriesgar su vida y el poco bienestar humano que conocía para empezar una vida de aún más grande sacrificio e ignominia? Todo se debe a que sintió un llamado especial de Dios para extenderse a “amar al que no es amado”. Fácilmente pudo haber continuado con su labor como religiosa, enseñando en colegios, guiando a señoritas a considerar una relación con Jesús y aún dirigiendo a algún grupo especial de jóvenes hacia una vida vocacional. Nadie hubiera cuestionado su amor por Dios, su compromiso con su creencia o su desinterés por la espiritualidad.

Solo que ella también sabía que Dios se le había acercado con una visión especial, para que pudiera afectar la vida de muchas personas para la gloria de Dios. ¡Y qué impacto tuvo! Un impacto que sobrepasó a su inteligencia innata, a su valor y a su fuerza física. Ella se vio obligada a cambiar las vidas humanas porque Dios le había dado una visión especial para extenderse.

Un sueño, una visión

Martín Luther King, hijo, era un predicador bautista en los Estados Unidos. Aunque se lo consideraba como un poderoso orador, no había nada en sus antecedentes, por ejemplo, proezas académicas, conexiones familiares, habilidades políticas o estadísticas sobre el crecimiento de la iglesia, que indicaran que era un líder emergente, un guerrero para ser tenido en cuenta.

Sin embargo, Dios trabajó en él hasta convertirlo en un siervo y llamarlo a una gran tarea: borrar las injurias y la injusticia del odio y el prejuicio basado en el racismo.

Al igual que Pablo, King soportó palizas, cárceles, calumnias, hambre, pérdida financiera y otras atrocidades solamente por su entrega al servicio de Dios. Llevado por la visión que Él le había dado, se enfrentó con increíbles penalidades, pero se mantuvo fiel a su llamado hasta que una bala asesina terminó con su vida.

Sociólogos e historiadores coinciden en que de los muchos cambios que redefinieron a los Estados Unidos durante los turbulentos años de 1960, uno de los más significativos y de largo alcance, fue el movimiento de los derechos civiles que encabezó Martín Luther King Jr.

Visión para el crecimiento

Donald McGavran fue misionero en la India. A comienzos de la década de 1950 volvió a los Estados Unidos para profundizar estudios sobre misiones con un agudo interés en descubrir qué tipos de actividades funcionaban efectivamente, y cuáles no. Empezó a ver en qué formas la visión que había obtenido en el campo misionero podía ser aplicada en la iglesia de su país. Detalló sus ideas en una serie de escritos que eventualmente se convirtieron en las bases de lo que ahora se conoce como el Movimiento del Crecimiento de la Iglesia. Hoy muchos líderes de la iglesia aceptan estos principios como algo natural.

Durante la década citada, sin embargo, McGavran fue ridiculizado por sus ideas y en ocasiones fue invitado a salir de la fraternidad de ministros. Pero él, con intrepidez empezó a enseñar y a escribir sus ideas, convencido de que Dios lo había puesto en esas circunstancias para engrandecer la vida espiritual de la iglesia. ¿Cuál era la fuerza que le sostenía durante esos años de fatiga? La visión por el ministerio era su motivación y su fuente de fortaleza, ante la controversia y el rechazo de sus colegas.

El "modelo Willow Creek" representaba una visión radicalmente diferente para el ministerio de la iglesia

Visión para alcanzar a Pedro y María

Uno de los más conocido y exitoso líderes de la iglesia hoy es Bill Hybels. Miles de pastores y líderes viajan a la comunidad Willow Creek cada año, para ser testigos del milagro de la reunión de cada fin de semana en el sur de Illinois. Con una congregación que sobrepasa las catorce mil personas, Willow Creek es un ejemplo único e inspirador de una iglesia que puede ser relevante sin comprometer el Evangelio.

En sus principios, aunque hoy es común llamarla el "Modelo Willow Creek", este representaba una visión radicalmente diferente a lo que era el desarrollo de un ministerio. Aunque la iglesia hoy recibe aclamación, al principio otros ministros y observadores de la iglesia, no apoyaron ni aplaudieron lo que Hybels y su equipo de jóvenes líderes procuraban hacer.

A través de sus esfuerzos para alcanzar a "los sin iglesias Pedro y María", los personajes ficticios que son descritos como los ausentes en el auditorio, Hybels fue un instrumento escogido por Dios para instalar una pasión en los corazones de miles de creyentes con el fin de alcanzar a los apartados y extenderse hacia los no salvos en la zona.

Sin embargo, sin tomarse de la visión de Dios para el único ministerio reflejado en la estructura y en los servicios de Willow Creek, ese modelo ministerial contemporáneo nunca hubiera visto la luz del día. Y miles de personas jamás hubieran conocido a Cristo como resultado de ese ministerio.

Podríamos, por supuesto, examinar incontables ejemplos de líderes llevados por la visión de Dios para el liderazgo. Y en cada caso, descubriríamos que es Dios el que proporciona esa visión.

LAS BASES FUNDAMENTALES

En cada caso que estudié, la visión que Dios le confiaba al líder no era un simple asunto, ni tampoco garantizaba que el líder tendría el camino pavimentado para llevar a cabo la visión. Invariablemente, debido a que el verdadero líder de Dios busca guiar a su iglesia al propósito del Señor, requiere que estos ministros inviertan tanto en obtener la visión como en llevarla a cabo.

Finalmente, me parece evidente que no todas las personas son llamadas para ser líderes. Sin embargo, los que Dios elige para usar como tales, pueden ser efectivos, sin tener en cuenta su falta de calificación secular. Si eres como la mayoría de los ministros del evangelio a tiempo completo, en ocasiones tienes dudas en cuanto a si Dios cometió un error al permitirte estar en una posición de liderazgo. Estas dudas son valiosas porque te mantienen haciéndote los tipos de preguntas que avivan tus habilidades y ablandan el corazón.

Es esa clase de examen de conciencia que nos previene de convertirnos en megalómanos, convencidos de nuestra suficiencia, y siempre listos para llevarnos el crédito por el progreso alcanzado en el ministerio. Con tal de que la duda no llegue a ser paralizante, esta desempeña una función útil en el desarrollo del proceso.

Pero la mejor respuesta a cualquier duda es determinar la fuente de la visión para el liderazgo. ¿Fue la visión algo que has desarrollado con los dones y talentos que Dios te dio, o fue una visión por la que has pensado, orado y esperado para después recibirla de Él?

Las oportunidades están, si todavía no tienes la visión de Dios para tu ministerio, ya sea porque todavía no has hecho la inversión requerida para captarla, o porque no tienes el talento para ser un líder; en cualquiera de los casos demanda de tu parte una acción inmediata y decisiva. Sin visión, el último lugar en el que deberás estar es en un puesto de liderazgo, sin tener en cuenta la razón fundamental. Solamente tú puedes tratar con esa condición.

DOS

¿Qué es la visión

PUNTOS DESTACADOS DEL CAPÍTULO

La visión es clara.

La visión es mucho mejor que el estado actual.

La visión se concentra en el futuro.

La visión es de Dios.

La visión es un regalo para los líderes, el que está hecho a la medida de sus circunstancias.

La visión refleja una perspectiva realista.

La visión sueña el sueño más posible.

La visión se construye sobre la realidad.

Un líder visionario es un líder exitoso.

Cierta vez le pidieron a Duke Ellington, el difunto músico, compositor y reconocido líder de bandas de jazz, que diera una definición de ritmo. "Si uno lo tiene", contestó, "no necesita ninguna definición. Y si no lo tiene, ninguna definición puede ayudarle".

La visión, gracias a Dios, no es de carácter evasivo. No obstante, yo creo que la definición de Ellington puede adaptarse ligeramente para ayudarnos a entender una realidad con respecto a ella: una vez que la tienes, la conoces; pero cuando no la tienes, no estás seguro de qué es la visión en realidad.

DEFINIR EL CONCEPTO

Se puede definir la visión como la previsión con agudeza, basada en la percepción retrospectiva. Esta definición subraya la importancia de mirar al futuro, da énfasis a la necesidad de poseer un conocimiento perspicaz de las circunstancias y posibilidades actuales, y nota el precio de aprender del pasado. No obstante, esta es una definición algo imprecisa.

Un líder de la iglesia me dijo que él creía que la visión era "ver lo invisible y hacerlo visible". Otro líder sugirió que su definición elaborada era "la visión es un puente con información del presente hacia el futuro". Aún otro pastor usó la expresión "sueños santificados" para transmitir lo que el término significaba para él.

Permíteme sugerir una definición más simple, pero espero que sea más precisa. *La visión para el ministerio es una clara imagen mental de un futuro mejor, impartida por Dios a sus siervos escogidos, y basada en una comprensión correcta de Dios, de uno mismo y de las circunstancias.*

Considera los componentes de su definición.

Una clara imagen mental

La visión es un cuadro continuo en el ojo de tu mente de la forma en que las cosas serían o podrían ser en el futuro. La visión connota una realidad visual, un retrato de las condiciones que no existen actualmente. Esta fotografía es interna y personal. No es lo que otra persona ve, sino lo que únicamente a ti te pertenece. Eventualmente, tendrás que pintar ese retrato mental para otros, si es que deseas que la visión se materialice en tu equipo. Así como has usado tu imaginación para crear esta vista del futuro, tendrás que guiar a otros para que ellos también puedan captarla y aplicarla. De esta manera, tener una clara imagen en la mente es esencial. Una perspectiva borrosa no es visión.

La visión para tu organización es el sueño de lo que Dios quiere lograr a través de ti para construir su Reino

Un cambio mejor

Al sugerir que la visión trata con aquello que es deseado, nosotros pensamos que ella ocasiona el cambio. La visión nunca trata sobre la conservación del *statu quo*. Trata sobre la ampliación de la realidad para extenderse más allá de la situación actual. De manera que, la visión es necesaria aunque la organización esté en una buena posición. No es solo para aquellos que se esfuerzan en el presente.

Con el fin de crear una mejor situación mejor para tu organización, puedes esperar que venga una circunstancia favorable y esperar que el resultado sea mejor del que has tenido hasta ahora, o tomar el mando del timón y fortalecerte y aceptar la dirección de Dios y crear un futuro mejor. La visión trata de seguir el último método.

Un enfoque del futuro

La visión se concentra en el futuro. Se enfoca en pensar en lo que está adelante, en lugar de hacer hincapié en el pasado o buscar reproducir el mismo. ¿Sabes cuántos se lamentan sobre el estado actual de sus asuntos mientras anhelan retornar a los días de gloria del pasado? Ninguno de ellos podrá desenredarse por sí mismo del letargo o del espiral descendente que experimentan. Los medios para el éxito son enfocarse en Dios y estar comprometido totalmente en la visión de lo que Él hará contigo y a través de ti en el futuro.

Impartida por Dios

La visión para el ministerio es una idea de lo que Dios quiere lograr a través de ti para construir su reino. En lugar de contar con las habilidades de las personas para obtener un cuadro del futuro, y planearlo, Dios transmite ese cuadro del futuro a un líder.

El futuro de la iglesia y de sus criaturas es muy importante para Dios como para que Él permita que los líderes se apoyen en sus propias habilidades y talentos, y desarrollen esquemas mal concebidos para alcanzar un mundo perdido. Mientras Él nos permite una amplia libertad y creatividad para enunciar, difundir y llevar a cabo la visión, no cometas ningún error al respecto. Los líderes visionarios reciben de parte de Dios la visión para el ministerio.

Un líder escogido

El liderazgo es crítico dentro de la iglesia. Dios ha dotado a ciertos individuos para servir como líderes. Es en esas personas en las que Él puede confiar uno de su más preciosos y valiosos regalos: la visión.

Solo un líder sabe qué hacer con la visión. Solo un líder puede poner en orden los recursos necesarios para traer vida a la visión. Dios los escoge cuidadosamente y les proporciona a cada uno una visión adecuada a sus circunstancias.

ENTENDER LOS REQUISITOS

La visión refleja una perspectiva realista. No es soñar algo imposible, sino el sueño más posible. La visión despliega nuestras habilidades, que incluye la de soñar, pero no es soñar despierto con un "pastel en el cielo". La visión trae consigo una gran profundidad de comprensión y un conocimiento detallado de los hechos y del potencial. No es un esquema nacido en un vacío y con la mirada fija en algo incierto; más bien, es la noción de lo que podría ocurrir y que está profundamente arraigado en la realidad.

Comprende a Dios

En la definición de visión, Dios está primero en la lista entre las fuentes de dirección y aquellas realidades que nosotros debemos buscar comprender totalmente. Nosotros nos esforzamos para captar una comprensión de la voluntad de Dios para nuestro ministerio basado en su perspectiva. Él está por encima de todo en el proceso de la visión.

Los líderes visionarios a menudo extienden la mano para ayudar a otros a trabajar, ya sea individualmente o con todo el liderazgo

Conócete a tí mismo

En el desarrollo de la visión, debes conocer tus propias habilidades, dones, limitaciones, valores y deseos para que puedas llegar con precisión a una perspectiva en la visión de Dios para el ministerio. La visión no es un ejercicio para que te promuevas a tí mismo, a tus sueños o necesidades. La visión involucra integrar tus habilidades y limitaciones personales dentro del plan de Dios, para lograr lo que necesita ser hecho, y saber cómo esto se logra a través de las personas elegidas.

Entender tus circunstancias

Las fantasías huyen de la realidad, la visión la construye. La visión de Dios para tu liderazgo es sensible al ambiente donde Él te ha llamado a influenciar. Al mismo tiempo, Dios no limitará tu potencial al sugerir que la realidad futura no puede crecer más allá del pasado o de la realidad presente.

Él es el Dios de la consistencia y del orden, no un Dios de caos y confusión. Por consiguiente, debes estar absolutamente al tanto de las necesidades potenciales y existentes. De las condiciones, la competencia, las oportunidades, las barreras y también el potencial, si es que deseas absorber la visión de Dios para tu vida.

Con esta definición, debes reconocer que es un proceso de imaginación pragmática aplicada. Es una intención articulada para hacer algo significativo y único, crear una nueva realidad que mejora el presente, un mundo nuevo ordenado por Dios con el fin de brindar vida a su pueblo.

EL PASTOR COMO UN LÍDER VISIONARIO

Los pastores que activamente buscan cumplir la visión de Dios para el ministerio son un tesoro para la organización. Son líderes manejados no por una necesidad de autoengrandecimiento o de satisfacer su ego, sino por el deseo ardiente de ver la voluntad de Dios realizada en su plenitud. Ellos han combinado la visión del ministerio personal con la impartida por Dios para la congregación que lideran. Sus iglesias lograrán algo único, significativo y especial porque el Espíritu Santo les ha permitido captar una imagen del futuro y trazar el curso de acción para alcanzar esa meta.

Abrazar la imagen completa

Los que saben dónde van y cómo dirigir su organización, pueden convertir la visión en una estrategia de aplicación real. Con sus mentes puestas en el resultado final previsto, crean el idioma, las emociones, las estrategias, los planes, las políticas y las estructuras que facilitan el resultado deseado. Esos líderes no ganan la energía en los aplausos de la gente ni en la evidencia tangible del progreso mundano, sino que se motivan cuando saben que llevan a cabo eficazmente la visión que Dios les ha confiado.

Mientras que otros lamentan la complacencia y el estancamiento en sus congregaciones, el pastor visionario llora pacientemente por sus colegas, pues sabe que están sentenciados a la continua ineficacia e inmovilidad, debido a que les falta un compromiso total con Dios para captar su visión.

No es con un espíritu orgulloso que reconocen esta realidad, sino con un corazón quebrantado al darse cuenta que tantas personas comprometidas con Dios experimentarán una frustración constante, porque sus iglesias carecen de un sentido de dirección, de entusiasmo acerca del futuro y de una marca distintiva que da energía a la congregación.

Estas cualidades son los sellos de las iglesias guiadas por pastores que implacablemente siguen la visión de Dios.

Mentores visionarios

A menudo, los pastores visionarios extienden su mano para ayudar a otros a trabajar individualmente o con todo el liderazgo. La motivación generalmente es no tener otro ministerio para enseñar, ni tampoco apoderarse de las luces más importantes de la plataforma. Sino que se estimulan para comprometerse con otro líder, por el dolor constante que sienten en sus corazones cuando conocen el motivo por el que muchas iglesias están estancadas y sin vida.

Un corazón rendido

Los pastores visionarios son líderes que han abandonado el sentido de ambición personal que gobierna a muchos. En cambio, la tendencia natural de la autopromoción ha sido reemplazada por una necesidad urgente de buscar la gloria de Dios, hacer su voluntad, a la manera de Dios y de acuerdo a la visión de Dios.

Atrás quedó el pesado trabajo de seguir a viejos modelos que se han empantanado en una tradición indiferente, y en una rutina sin sentido. Atrás quedó la presión de tener que buscar constantemente nuevos medios para progresar, nuevos métodos para motivar a las personas a la acción. Atrás quedaron las ansiedades de tener que agradar al consejo de ancianos, a los ejecutivos denominacionales, a los donantes más importantes y a los medios de comunicación masiva.

El futuro pertenece a los líderes con visión porque son los que definirán el futuro. Es el poder de Dios que se mueve a través de las iglesias guiadas por visionarios, lo que causa que la imagen del futuro se vuelva realidad.

UNA HERRAMIENTA VITAL: LA DECLARACIÓN DE LA VISIÓN

Los líderes con visión también conocen la importancia de la declaración de la visión: es la presentación breve y precisa de lo que Dios les ha dado para su vida. Mientras lees las declaraciones de la visión de la vida real que siguen a esta sección, recuerda que representan la visión de Dios para otros creyentes. Estas declaraciones son diferentes de la que Dios te da para que logres.

Sé lo suficientemente sensible como para aprender de aquellos que han recorrido el camino y tienen nuevas ideas para comunicar una visión

Ocasionalmente, los pastores de otras iglesias que leen estas declaraciones son bastante honestos al decir: "Estas realmente no me motivan ni me impulsan a hacer algo". Es probable que después de que hayas trabajado junto al Señor dura y largamente con el fin de perfeccionar tu declaración de visión, y consideres que mereces el Premio Pulitzer del año, otros reaccionen de la misma manera ante la declaración de tu visión.

Piensa en las revisiones de las películas. Quizás viste una película en particular y pensaste que era conmovedora, significativa y magníficamente producida. Luego, cuando escuchaste a un crítico cinematográfico famoso realizar una calificación espantosa de esa película, té preguntaste: ¿cómo puede existir tal discrepancia?

El crítico no tenía las experiencias tuyas, ni tu contexto para entenderla, tampoco tu filtro emocional o tus expectativas. En cierto sentido, él simplemente no está calificado para ofrecer una crítica que pueda amoldar tus pensamientos y tu conducta en relación a la película.

De manera similar, cuando examinas la declaración de la visión de otra organización, te toma más de una lectura rápida poder entender por qué ese párrafo entró en la declaración. A veces no entiendes cómo la visión tiene significado y puede motivar a otros.

No debes ser demasiado duro con las declaraciones de visión de otros grupos. También sé lo suficientemente sabio como para reconocer la diferencia entre la declaración de visión y de la misión. Sé lo suficientemente sensible como para aprender de aquellos que han transitado antes por el camino y tienen nuevas ideas para comunicar una visión. Y sé prudente en copiar literalmente las palabras y los conceptos incorporados en las declaraciones de la visión de otros líderes u organizaciones.

MUESTRAS PARA CONSIDERAR

Aquí te ofrezco una serie de declaraciones de visión, provenientes de algunas organizaciones en donde la visión está en proceso, donde es implementada e inspirada para alcanzar mayores alturas. Porque no hay tal cosa como "la manera correcta" de escribir una declaración sobre la visión. El proceso es más arte que ciencia, donde cada uno tiene sus propias y únicas características en su esencia y en su estilo. (En el capítulo 10 examinaremos los pasos específicos para captar y crear una declaración sobre la visión.)

- Para proveer a la gran área metropolitana, una iglesia dirigida a satisfacer las necesidades y la vida de los cristianos nominales, presenta un ministerio sensible y caracterizado por amar, perdonar y aceptar a cada uno. (Fuente: Iglesia carismática denominacional al noroeste en la costa del Pacífico.)
- Para equipar a los profesionales de la ciudad de Nueva York, con el fin de que causen un impacto en su red de relaciones y se enfoquen en alcanzar a los no cristianos a través de los grupos de células y de los ministerios del mercado que se dirigen a las necesidades urbanas. (Fuente: Iglesia evangélica denominacional del centro de la ciudad.)
- Con el fin de ser una comunidad creciente que modele apasionadamente la vida de Cristo, a través de relaciones significativas tanto con simpatizantes como con creyentes, demostraremos la relevancia de la cristiandad a través de las creativas expresiones de nuestra fe. (Fuente: Iglesia evangélica no denominacional.)
- Para identificar, entrenar y apoyar a los creyentes como líderes que lleven el ministerio local a través de todo el mundo. Nosotros les proporcionaremos un lugar para encontrar a Dios en la adoración y en el estímulo. (Fuente: Iglesia evangélica

suburbana no denominacional de adoración contemporánea y tradicional.)

- Para extenderse hacia el área metropolitana más grande, levantaremos cuatro nuevas iglesias en ocho años, demostraremos el amor, la creatividad y el poder de Dios, cuidaremos a la gente y trabajaremos en cooperación con otros ministerios para alcanzar la región para Cristo. (Fuente: Iglesia carismática independiente al norte de California.)
- Para mantener un foro por las relaciones significativas para los residentes de la parte sur del condado. Nosotros ayudaremos a las personas a construir relaciones que respondan a las necesidades de la gente, sanar sus heridas y promover lograr una experiencia culturalmente relevante con Cristo. (Fuente: Iglesia evangélica independiente del sur de California.)
- Para presentar a Cristo en forma contemporánea, creativa, creíble y afectuosa a todas las personas en un ambiente donde la gente de la comunidad pueda crecer y desarrollar plenamente su potencial en Cristo. (Fuente: Iglesia evangélica denominacional, California.)

TRES

No confundas la visión con la misión

PUNTOS DESTACADOS DEL CAPÍTULO

La visión y la misión están relacionadas, pero son distintas.

La misión es una declaración general de los objetivos del ministerio; es filosófica.

La visión es una específica y detallada declaración de dirección y unicidad; es estratégica.

Durante los últimos cinco años he trabajado estrechamente con docenas de organizaciones. Uno de los indicadores que uso para obtener algún punto de vista acerca de la condición de ellas, es medir el estado de la visión. En aquellas en donde verdaderamente existe el sentido claro de la visión de Dios, la probabilidad del crecimiento y del impacto es alta. Mientras en donde la visión está ausente, el crecimiento es frustrado de muchas maneras.

Tristemente, la mayoría de las organizaciones que he estudiado han confundido la misión y la visión. Por alguna razón, la mayoría de los líderes igualan las dos, pues creen que los dos términos son intercambiables.

No lo son. La declaración de una *misión* es una definición de la clave de los objetivos del servicio que brindará. El enunciado de una *visión* es una clara y específica dirección de las actividades a desarrollar para lograr un verdadero impacto en la comunidad.

LA MISIÓN PERFILA LOS OBJETIVOS

El enunciado de una misión es una declaración extensa y general, sobre a quién se desea alcanzar y sobre lo que se espera lograr. Es muy probable que muchas organizaciones tengan la misma misión y podrían incluso usar la misma redacción de esa misión. ¿Por qué? Porque la misión es básicamente una definición de servicio. No está unida a la especialidad, a la originalidad o a la dirección. La misión está diseñada para reflejar un corazón que se ha vuelto a Dios en servicio y obediencia en la que la entidad es un vehículo usado para unir a las personas con el fin de realizar la voluntad de Dios.

La misión puede describirse en una frase o dos. A menudo puede usarse un eslogan para captar su esencia. Pero hay que ser consciente de que la misión es esencialmente una declaración filosófica que rodea ligeramente el corazón del ministerio.

A menudo los pasos para las declaraciones de una visión son las de una misión. Ejemplos que podrían hacer sonar una campana incluyen lo siguiente:

- "Para conocer a Dios y hacerlo conocido."
- "Para alcanzar a los perdidos a cualquier costo."
- "Para salvar al no salvo."
- "Para evangelizar, exaltar, edificar y equipar."

LA VISIÓN ES ESPECÍFICA

La visión dada a una organización es específica, detallada, personalizada, distintiva y única. Le permite a un líder decir no a las oportunidades secundarias, proporciona la dirección, autoriza a las personas para el servicio y facilita la productividad.

Las declaraciones de la misión listadas anteriormente no se encuentran en estos criterios. Son declaraciones útiles y loables. Juegan un papel valioso al definir la posición básica de la organización y sus intenciones. Pero estas declaraciones son demasiado indefinidas como para proveer una clara dirección o motivar y entusiasmar a las personas para unirse con el fin de llevarla a cabo.

Conocer el contenido del enunciado de una misión generalmente le permite a una persona sentirse segura de lo que la organización cree y se dispone a integrarse. Pero la declaración de la visión le "pone los pies" en la misión; detalla cómo la organización influirá al mundo en el que servirá.

De esta manera, mientras que el enunciado de una misión es filosófica por naturaleza, la declaración de una visión es estratégica en su carácter.

PROBAR TU DECLARACIÓN

Posiblemente puedes tener un enunciado al que llamas declaración de visión. Quizás empiezas a preguntarte si realmente es la declaración de misión o de visión. ¿Qué puedes decir?

Un método sería reflexionar en lo que te tomó llegar hasta esa declaración. Si fuera básicamente una copia de los objetivos tradicionales de una iglesia, definitivamente no sería la declaración de una visión. Si la desarrollas después de pasar algún tiempo en reflexión personal, en las circunstancias y en los logros que has querido ver en tu entidad, eso también parece alguna otra cosa, pero no la declaración de una visión.

Si puedes tomar decisiones en el ministerio sin preocuparte por la esencia de la declaración, entonces eso también parece la descripción de alguna otra cosa que no es la visión de Dios para tu ministerio.

Otro medio para determinar el estado de la declaración, sería someterla a una prueba. Compara tu declaración con las preguntas listadas abajo. Si todas o la mayoría de las respuestas son no, lo que tienes probablemente es un enunciado de misión en lugar de una declaración de la visión de Dios para tu ministerio.

- Si alguien se contactara con tu organización con el fin de involucrarte en lo que parecería una oportunidad razonable, ¿es la declaración lo suficientemente específica como para permitirte mantenerte enfocado y tener una razón para rechazar esa oportunidad, además de explicar las razones del rechazo?
- ¿Tu declaración incluye información que, al compararla con las declaraciones de la visión de otras organizaciones cercanas, separa claramente la tuya de una manera significativa?
- ¿Tu declaración identifica a un público en particular al que esperas alcanzar a través del servicio de tu organización?
- ¿Es tu declaración algo que señala al ministerio una clara y única dirección para el futuro?
- ¿La declaración lleva a una comprensión precisa con respecto a las estrategias y las tácticas que son permisibles en la labor?
- ¿Tu declaración provee enfoque al liderazgo de tal manera que las personas estén entusiasmadas al ser involucradas en el trabajo?
- ¿Tu declaración previene a la organización de buscar ser el todo para todas las personas?
- ¿Algún cristiano inactivo que regularmente asiste a tu iglesia se entusiasmó por las expectativas del ministerio después de escuchar tu declaración?

Estas son algunas de las preguntas que podrían ayudarte a distinguir la declaración de una misión de la de una visión. Tómate el tiempo necesario para asegurarte de que no confundes las dos declaraciones. Y si concluyes en que lo que tienes es la declaración de una misión, o alguna otra descripción que no es la de una visión, empieza el proceso de asirte de la visión lo más pronto posible, para evitar que tu organización deambule sin propósito fijo en los días por venir.

CUATRO

Mitos que estropean la visión

PUNTOS DESTACADOS DEL CAPÍTULO

La visión y la misión no es lo mismo.

Todos los líderes tienen visión, pero no todos los pastores son líderes.

La visión crea el futuro.

Un líder con visión es un agente de cambio.

El objetivo de la visión es glorificar a Dios.

Para que la visión tenga impacto, debe ser de todos.

La visión de cada organización es única.

La visión desafía a una organización.

La confusión que se origina cuando la misión es considerada como visión, es la noción vacía y engañosa llamada mito que más frecuentemente viene a la mente al considerar este tema. En muchos casos los dos términos son intercambiables en las mentes de los líderes de la iglesia.

Otros mitos se levantan sobre la paternidad literaria de la declaración de una visión. El seguir tales mitos en la búsqueda de la visión puede causar una gran lesión en la organización.

Hace muchos años, por ejemplo, una entidad se embarcó en el proceso de determinar su visión para el ministerio. Después de esperar por mucho tiempo para que el equipo de líderes produjera la declaración de la visión, desafortunadamente, dos cosas pasaron.

Primero, el líder resignó su lugar a los líderes secundarios, lo que significaba que él realmente no guiaba a la organización.

Segundo, debido a que el proceso era manejado por una comisión, la declaración era consensual y confusa.

Después de los dos primeros años, en vez de redactar la declaración de la visión, fue hecho el enunciado de misión. Aunque luego se hizo un diligente esfuerzo para transmitir esta declaración a la congregación, la misión falló al motivar a la gente.

Los resultados eran desalentadores para los líderes que pensaban que habían desarrollado la declaración de una visión, pero en realidad habían quebrado a tres de los involucrados en el proceso.

La iglesia continuaba perdiendo su membresía, el estado financiero se debilitaba, y lo que una vez fue un fuerte ministerio comunitario de alcance, se había deteriorado porque la gente que estaba "encendida para el ministerio" no tenía certeza respecto a la dirección que la entidad iba a tomar.

Muchos de esos líderes emigraron a otras iglesias, y la congregación entera experimentó una confusión que provenía de sus mal dirigidos intentos en desarrollar la declaración de la visión.

Fácilmente podríamos ocupar las próximas cien páginas para refutar los miles de mitos que han surgido con relación al significado, desarrollo y la puesta en práctica de la visión de Dios para el ministerio. Examinemos brevemente a veinte de los mitos más ampliamente aceptados.

MITO 1

La visión debe ser el resultado del consenso entre los líderes más importantes de la organización, con respecto a la futura actividad de la misma.

Realidad

La visión no es el resultado *del* consenso; debería resultar *en* consenso.

En una iglesia, es importante que la gente posea la visión para el ministerio, no que ellos la inventen. La función creativa de los miembros está relacionada con los planes del ministerio, es decir, con las estrategias y tácticas, que son una consecuencia de la visión. Tomar la visión de Dios para el ministerio de la iglesia no es un asunto de una comisión, sino del liderazgo.

MITO 2

La visión y la misión son sinónimas.

Realidad

Mientras que la visión se relaciona con acciones específicas, la misión se relaciona con las propuestas generales para la acción.

Cuando hablamos de visión para el ministerio, nos referimos a una perspectiva basada en el futuro, una perspectiva detallada y única del llamado de la iglesia. Cuando nos referimos a la misión para el ministerio, hablamos de una extensa definición de la razón de la existencia, que abarca ligeramente todo lo que la iglesia hace y representa. Mientras que la visión se relaciona con acciones específicas, la misión se relaciona con las propuestas generales para la acción.

Cada organización debería tener la declaración de su misión y el enunciado de su visión. Ambos están indisolublemente relacionados pero son claramente distintos. La misión precede a la visión, pero sin esta, la misión es vacía e incompleta.

MITO 3

Algunos líderes son visionarios, mientras que otros no.

Realidad

Por definición, todos los líderes son visionarios.

Tenemos que hacer una distinción entre alguien que mantiene su posición de líder, y un individuo que se comporta como un líder. Muchas organizaciones son guiadas por individuos que sostienen un puesto de liderazgo o un título. No obstante, lo que verdaderamente identifica a las personas como líderes no son sus títulos, sino el estado de sus mentes y sus acciones. De la misma manera, la característica común de todos los líderes verdaderos, es que ellos tienen visión. Un líder de Dios es el que opera basado en la visión del Señor para su servicio.

MITO 4

El propósito de la visión es imaginar realidades futuras, para luego operar efectivamente dentro de esos parámetros.

Realidad

El propósito de la visión es crear el futuro.

El objetivo no es conformarse con un futuro ordenado de antemano; el objetivo es crear el futuro. La visión es el medio para definir los parámetros dentro de los que el futuro emergerá. Comprenda que el futuro no es algo que simplemente ocurre; es una realidad creada por los que tienen la fuerza suficiente como para ejercer el influencia sobre su entorno. El futuro no es un "trato hecho" que espera una respuesta. El futuro pertenece a Dios y a través de Él para aquellos que son conducidos para darle forma.

MITO 5

La estrategia y la visión a menudo se confunden. En realidad, la visión es conceptual; la estrategia es práctica y detallada.

Realidad

La visión *es* conceptual, pero también es práctica y detallada.

Esta perspectiva de la visión es un mito clásico: una parte es realidad y la otra es una fábula. De hecho, las palabras visión y estrategia son intercambiadas frecuentemente en su uso, pero no son intercambiables. La visión es conceptual, pero es también práctica y detallada. El detalle esencial dentro de la estrategia es el reflejo de una visión fuerte, que comprende una vista detallada de lo que será en los días por venir.

La estrategia puede ser detallada en su naturaleza, pero también debe ser presentada en forma general, lo suficiente como para permitir el desarrollo de tácticas específicas que llevarán a la puesta en práctica de la visión a través de las estrategias y tácticas indispensables.

MITO 6

La visión real protege la organización del riesgo.

Realidad

El riesgo es una natural e inevitable consecuencia de la visión.

El mito de que la visión real protege a la organización del riesgo, es un pensamiento alentador, pero absolutamente incompatible con la verdadera naturaleza de la visión. Aún la visión de Dios para el ministerio pone a la iglesia en riesgo. Debido a que la visión está relacionada al cambio en la creación del futuro, el riesgo es una natural e inevitable consecuencia de la visión.

Sin embargo, cuando un ministerio opera sobre las bases de la visión de Dios, puede asegurarse que el Señor no lo pondrá en una posición de riesgo no garantizado. El líder visionario es un agente de cambio. En el proceso de empujar a la iglesia hacia delante, el líder insiste en un esfuerzo agresivo; permanecer estacionado es equivalente a perder terreno. Sin riesgo, no se produce ningún progreso.

MITO 7

La meta de la visión es el crecimiento numérico.

Realidad

La meta absoluta de la visión es glorificar a Dios.

Mientras que muchas personas piensan que el crecimiento numérico es la meta final de la visión, tal desarrollo es una parte del proceso, no su punto de enfoque. La meta absoluta de la visión es glorificar a Dios. Es más importante tener una iglesia de cristianos comprometidos, que tener una iglesia llena de cristianos sociables, nominales, que no evidencian ningún crecimiento en su relación con Dios.

Si la visión verdaderamente es de Dios, ella empujará hacia adelante a los objetivos que satisfacen a Dios, en lugar de reunir estándares humanos que después resulten en alabanzas que provienen del mundo.

MITO 8

Mientras que el líder principal tenga un sentido de la visión, no importa si la gente realmente lo sabe o lo entiende. Indiferentemente serán arrastrados hacia delante por la fuerza de la visión.

Realidad

La visión no tiene ninguna fuerza, poder o impacto, a menos que esta se extienda desde el visionario hacia los que carecen de visión.

La marca de un gran líder es la habilidad de no solo captar la visión, sino también de pronunciarla y causar que la gente la capte totalmente. Debido a que la visión involucra acción, es imperativo que sea lanzada de tal manera que la gente la entienda y pueda responder a ella. La visión no está para ser guardada celosamente, no es una perspectiva para ser protegida. Para que tenga impacto, debe ser de todos.

MITO 9

La mejor manera de captar la visión para el ministerio, es copiar una pronunciada por otro líder respetable.

Realidad

El líder que se toma de un “yo también” para definir la visión, no vive bajo el poder de la guía de Dios, ni demuestra capacidad para un auténtico liderazgo.

En la misma forma en que un fabricante no puede imitar los planes y las estrategias de sus competidores y esperar que resulte realizable, un líder no puede encontrar un nicho y tener un impacto duradero por el simple hecho de copiar la visión de otros líderes. Cada líder tiene diferentes dones, talentos, recursos y un único llamado.

Lo que le da resultado a un líder en sus circunstancias particulares, es probable que no funcione para otro que está inmerso en un conjunto totalmente diferente de circunstancias. Naturalmente, dos líderes en circunstancias muy diferentes pueden tener la misma misión en el ministerio; sin embargo, no es probable que Dios los comprometa en la misma visión.

Dios es creativo y lo suficientemente poderoso como para desarrollar una única y significativa visión para cada liderazgo de hoy. El líder que se toma de un “yo también” para definir la visión, no vive bajo el poder de la guía de Dios ni demuestra capacidad para un auténtico liderazgo.

MITO 10

Debido a la amplitud y al desafío que significa la visión de Dios, es probable que torne a un miembro temeroso, escéptico y ansioso.

Realidad

La visión, cuando es propiamente enunciada, no produce miedo ni duda en la gente.

La mala comunicación de la verdadera visión, a menudo es la razón por la que deja de atraer a la gente al ministerio o las vuelve ineficaces, por temor al fracaso. La visión, cuando es propiamente enunciada, tiene el efecto opuesto en la gente: aumenta su confianza, dirige satisfactoriamente los intereses existentes y produce un sentimiento de entusiasmo e intuición.

Contrariamente a la suposición de muchas personas, es más probable que una congregación de creyentes llegue a recibir nuevos ánimos por un desafío significativo y con propósito, a que sea amenazada y dividida por el mismo.

MITO 11

Es razonable esperar que la mayoría de las organizaciones cristianas en una comunidad tengan la misma visión para el ministerio.

Realidad

Sería absolutamente irrazonable que dos organizaciones tengan la misma visión dentro de un mismo mercado.

Lo que pasa a menudo es que varias iglesias que sirven geográficamente en una misma área, tienen una misión común. La mayoría de ellas, sin comprender la diferencia entre visión y misión, esperan que la declaración de su misión tenga una doble obligación, que sirvan como visión y como misión.

Desdichadamente, esta afirmación no funciona. Esas iglesias simplemente intentan llevar a cabo una misión sin la visión de Dios.

Sería irrazonable que las iglesias tengan la misma visión para el ministerio dentro de un mismo mercado. ¿Por qué? Porque Dios no es redundante ni necesita asignar la misma tarea a un número de diferentes congregaciones con la esperanza de que entre ellas el trabajo podría ser llevado a cabo. Parece razonable creer que Dios permite que varias iglesias residan en un área, porque Él tiene un único plan para cada una; el plan no es para que sean competitivas sino para que sean complementarias en el ministerio. Cada iglesia ha sido llamada a existir para alcanzar a diferentes grupos de personas y tener una influencia única en la cultura en la que ministra.

MITO 12

Si verdaderamente la visión para el ministerio es de Dios, el captar esa visión será un simple y rápido proceso.

Realidad

La visión de Dios no está restringida por el tiempo.

En algunos casos, el captar la visión de Dios para el ministerio requiere de esa clase de lucha intensa con Dios que caracterizó su pelea con Jacob. En otras situaciones, la comprensión de la visión se refleja más de cerca por la descripción de Pablo, al referirse a la carrera de larga distancia, la que requiere persistencia y resistencia por un período prolongado.

En ciertos casos, debido a la fermentación constante de la visión de Dios en el corazón del líder, cuando este se concentra al fin en clarificar y enunciar la visión, esta surge en forma rápida. No obstante, parece haber un cierto período de tiempo dentro del cual Dios imparte su visión a las personas, o dentro del cual los líderes visionarios son capaces de captar esa visión.

El hecho de que una visión para el ministerio sea determinada en una corta explosión de energía no indica que sea completa o de parte de Dios, como tampoco suponer que uno que ha pasado meses en busca de esa visión, finalmente la haya obtenido.

La visión de Dios no está restringida por el tiempo; está determinada por nuestra receptividad y nivel de preparación para recibir lo que Dios nos da.

MITO 13

Para desarrollar la visión, un pastor debería identificar a varios líderes de negocios visionarios y dar los mismos pasos que ellos han dado.

Realidad

Los líderes de la iglesia, no pueden seguir a ciegas los caminos trazados por personas que operan sobre la base de puntos de vista del mundo.

Tristemente, parece que lo más común es encontrar más líderes visionarios de la comunidad comercial que entre las jerarquías de los líderes de la iglesia. Sin embargo, es arriesgado seguir los caminos trazados por líderes seculares cuando se debe desarrollar la visión.

Primero, los líderes de negocios buscan satisfacer un objetivo de diferente línea de fondo (por ejemplo: el provecho financiero en lugar de la salvación de las almas).

Segundo, los líderes de negocios confían en diferentes fuentes de sugerencia y dirección (por ejemplo: el ego en lugar de Dios).

Aun cuando mucho conocimiento puede obtenerse al estudiar los procedimientos y las perspectivas de líderes visionarios asociados, los líderes de la iglesia no pueden seguir a ciegas los caminos trazados por personas que operan sobre la base de diferentes puntos de vista del mundo o del objetivo de sus metas.

MITO 14

Debido a que la visión es impartida por Dios al pastor, la congregación no desempeña ningún papel en su desarrollo, solamente en su puesta en marcha.

Realidad

Se necesitan otras personas como una caja de resonancia para evaluar la visión en varios puntos de su desarrollo.

Aún cuando Dios imparte la visión al líder, Dios trabaja con una variedad de personas y circunstancias para ampliar el radio de acción y la perspectiva del líder. La gente juega un papel crítico en el desarrollo de la visión, aunque no es una actividad basada en alguna comisión. Se necesitan otras personas como una caja de resonancia para evaluar la visión en varios puntos de su desarrollo.

Muchos colaboradores pueden ser los instrumentos que provean al líder una importante información con el fin de ser usada para adquirir el contexto que permita comprender cómo Dios quiere que la organización avance. El líder es la persona indicada y la figura central en el proceso, pero captar la visión de Dios para el ministerio, ciertamente no es un proceso solitario.

MITO 15

La mejor manera de comunicar una visión es desarrollar un lema pegadizo que la gente recordará.

Realidad

Demasiado énfasis en un lema puede ser perjudicial.

Un lema es uno de los medios más efectivos en la comunicación de la esencia de la visión, de tal manera que la gente lo tiene por escrito para poder recordarlo. Sin embargo, es importante no confundir un lema que encierra el corazón de la visión, con la visión actual en sí misma.

En muchos casos, los lemas han probado ser más perjudiciales que útiles porque minimizan la visión. En lugar de captar la totalidad de la visión en toda su plenitud, con todos sus matices, algunas personas se enfocan solamente en el contenido de lo comunicado a través del lema y así limitan el potencial del ministerio.

MITO 16

A veces, la visión de Dios para el futuro de una organización esforzada, es simplemente un llamado a la estabilización, pero se mantiene la posición actual, en lugar de perseguir agresivamente el crecimiento.

Realidad

Animar a las personas a comprometerse por sí mismas a sobrevivir, es admitir la derrota.

Una declaración que amonesta a las personas a mantener su posición como medio para facilitar un ministerio efectivo, no es una declaración de una visión, sino un golpe de muerte. La visión es un progreso creativo y constante. La visión pone énfasis al pensamiento y a la acción agresiva hacia el futuro.

MITO 17

Si el desarrollo toma mucho tiempo, probablemente el resultado no sea la verdadera visión.

Realidad

Dios puede tomar más placer en nuestro intento de conocer su mente que en nuestra eventual habilidad para captar esa perspectiva.

El Señor no se pone horarios para ver cuán rápidamente espera que nosotros captemos su visión. De hecho, puede estar más contento con nuestro intento de conocer su mente que en nuestra eventual habilidad para captar esa perspectiva. Lo importante es que desarrollemos un estilo de vida caracterizado por la visión, por la captura del proceso, es decir, una vida en la que Él sea preeminente, y nuestros deseos sean complacerlo, para que el centro de nuestras actividades sea nuestra comunión con Él.

Mientras que el tiempo es la esencia de la visión –porque no sabemos cuánto tiempo tenemos para alcanzar con el evangelio a un mundo agonizante y pecador– también sabemos que Dios se deleita en el tiempo en que tenemos comunión con Él y lo servimos. Nuestra única garantía en el proceso del desarrollo de la visión, es que Dios nos impartirá su visión para nuestro ministerio. La garantía no viene con un programa adjunto.

MITO 18

Es razonable esperar que una denominación dicte la visión para el ministerio de cada iglesia asociada y deje el desarrollo de la estrategia y la puesta en práctica al proceso creativo de cada una.

Realidad

Si la visión para la iglesia individual es ordenada desde un nivel denominacional, se asume que el pastor de la iglesia no es un líder, sino solo un gerente.

Este mito es un intento totalmente irrazonable de captar la visión de Dios para el ministerio. El líder de una denominación debe poseer la visión de Dios para la denominación. Sin embargo, la visión diferirá de manera significativa de las realidades, de las raíces visibles de la visión dada a cualquier congregación.

Si una congregación fuera a ordenar una visión para cada iglesia, esto implicaría que los pastores de ellas no son realmente líderes, sino simplemente gerentes o directores. Esto también implicaría que Dios de alguna manera habría determinado que cada iglesia de la denominación enfrente idénticas circunstancias sociales, con equivalentes recursos materiales y humanos.

Ciertamente, Dios está capacitado para hacer eso, pero a mi entender, tales condiciones nunca se han dado hasta el día de hoy. Es razonable esperar que una denominación identifique una ampliamente aceptada declaración de la misión para el ministerio.

MITO 19

La visión de una entidad debe ser recreada cada par de años.

Realidad

La visión generalmente perdura más que el visionario.

Llamativamente, cuando Dios imparte su visión a menudo perdura más que el visionario. En otras palabras, su visión es duradera, no es algo que cambia frecuentemente. Si una organización fuera a cambiar su visión cada dos o tres años, el resultado sería un constante caos. Justo cuando se alcanza un punto en el que la gente y los sistemas están en el lugar correcto para hacer que las cosas empiecen a reflejar resultados como respuesta a la visión, se comienza de nuevo otra vez.

Debes entender que las estrategias y tácticas relacionadas con la visión cambiarán regularmente, pero la visión en sí misma, probablemente nunca cambiará.

MITO 20

Si un pastor simplemente ama al Señor y hace las cosas descritas en la Biblia como las cualidades de un buen líder, es decir, enseñar, predicar, orar, ser modelo de perdón y amor entre otros, la iglesia crecerá, con visión o sin ella.

Realidad

Los líderes efectivos deben ser visionarios.

Las cualidades delineadas en pasajes tales como 1 Timoteo 3 y el de la epístola de Pablo a Tito, son cualidades absolutamente necesarias para los líderes. De la misma manera es imprescindible obtener la visión de Dios para el ministerio. Aunque la Biblia nunca menciona directamente esta perspectiva que describo con la terminología que uso, está atestada de referencias e inferencias sobre la necesidad de operar sobre las bases de tal perspectiva.

Considere, por ejemplo, los fundamentos de las palabras y las acciones en pasajes como Romanos 12:2; Efesios 5:17 y 6:6; Salmos 32:8; Proverbios 3:5-6, 24:5-6 y 29:18; Colosenses 1:9-10; Juan 16:13-14 y 2 Corintios 12:1.

En los capítulos que siguen examinaremos en gran detalle, por qué las ideas etiquetadas como “mitos” no son más que nociones vacías y engañosas, y también veremos cómo un pastor que busca ser un verdadero líder visionario y sirve a Dios, puede tratar con cada una de aquellas falsas apreciaciones.

CINCO

¿Sigues la visión de quién?

PUNTOS DESTACADOS DEL CAPÍTULO

La visión humana para el ministerio está llena de limitaciones.

La visión de Dios se logra a través de nosotros, pero no está enfocada en nosotros.

Dios bendecirá y apoyará tu visión para el ministerio.

La visión de Dios para tu ministerio es inspirada.

He aprendido mucho sobre la visión cuando leí libros comerciales y artículos de periódicos que analizan el tema. Muchos de los autores demuestran gran sabiduría en sus escritos sobre la importancia, el desarrollo y el despliegue de la visión. Sus trabajos indudablemente han ayudado a muchos ejecutivos corporativos a refinar su propósito tanto en la vida como en el mercado.

John Sculley, por ejemplo, subió a la cima de su profesión y llegó a ser el presidente más joven designado por Pepsi Inc. Sin embargo, poco después de haber alcanzando esa cima dejó la compañía para ser un ejecutivo de Apple Computers donde fue el CEO (líder máximo) durante varios años. Aunque llegó a California para dirigir a Apple sin antecedentes en tecnología o en computadoras, Sculley es reconocido por sus pares como un líder extraordinario.

La visión es una de las clave para poner el éxito de Sculley en Pepsi, y en Apple la perspectiva correcta. En su libro, *Odisea*, Sculley atribuye sus victorias en los negocios a un énfasis elevado en la visión.[1]

"Los comerciantes se obsesionan con la noción de que mientras más productos se intenten comercializar más éxito se tendrá", escribió. "La comercialización exitosa de un producto, sin embargo, no puede reducirse a un juego de habilidosos vendedores ni de cuánta cantidad se venda. Eso es solo un pobre sustituto para la verdadera visión, porque la visión verdadera es creativa".

Sculley admite que ser un líder visionario no es algo simple ni fácil de ser aceptado por los que deben llevar a cabo la visión. "Deberá tener una apasionada creencia en el poder de sus propias ideas y la convicción de seguirlas hasta el fin. Algunas veces puede llegar a ser una solitaria y extensa batalla para ganar".

"Las personas con visión, luchan constantemente con la sabiduría convencional, porque ven el mundo por delante en términos de lo que podría ser; son personas que están dispuestas a mirar las cosas de manera muy diferente".

Sculley insiste en que la visión es una pasión que comprende a todos en lo que se refiere a los desafíos del momento. "Los visionarios invierten sus vidas en un producto y llegan a ser totalmente absorbidos por cada aspecto de esa visión".

También cree que la razón por la que a muchas organizaciones les falta la vitalidad y el impacto, es porque se dejan llevar por individuos que ven su papel como el de un competidor, en lugar de ser innovadores.

"Los competidores creen que cada batalla cuenta, sobre todo la más reciente, así que están bien enfocados en el resultado del mes o del trimestre. Las personas con visión constantemente miran el horizonte del mañana. Si su visión está en el blanco, cambiarán el mercado y prosperarán, aun cuando esto signifique perder algunas batallas a lo largo del camino".

Como muchos líderes que aceptan una posición en una organización en decadencia, John Sculley se unió a Apple Computers con recursos limitados

Como muchos líderes que aceptan una posición en una organización en decadencia o arruinada, Sculley entró en Apple con gran intrepidez, pero con los recursos limitados para lograr que las cosas ocurrieran. Sin inmutarse, se tomó el tiempo para entender el mercado y la cultura de la corporación. Finalmente, comprendió que la clave para el éxito de Apple estaba en restaurar la visión.

"Dar vuelta a la compañía no era la parte difícil; la parte complicada era saber hacia dónde llevarla", escribió. "Una gran cantidad de consejos se emitieron en cada trimestre durante la crisis. La mayoría de estos consejos, en una apreciación retrospectiva, eran pobres. Pudimos haber destruido la compañía si hubiéramos seguido la mayoría de ellos. En cambio, nos mantuvimos cerca de nuestro sueño y de nuestra visión".

DIOS, EL ESLABÓN PERDIDO

Aunque los libros de Sculley y de otros autores subrayan la importancia de la visión en el mundo comercial, fallan al no incluir un factor irreemplazable en la ecuación de una perspectiva cristiana: la mente de Dios.

Para la típica gente de negocios, la última meta corporativa es aumentar las ganancias. Para lograr esta meta, la visión es una preciosa herramienta. Les ayuda a imaginar un futuro mejor y prever un medio de crear esa superior realidad futura. Dado un alcance estudiado de las condiciones existentes en el mercado y del talento natural para apoderarse de las oportunidades sin explotar, puede decirse que la declaración de una visión llevará a un mañana mejor. Con esa visión en la mente, las iniciativas estratégicas pueden crearse y llevarse a cabo para provocar el resultado deseado.

Para los líderes corporativos que son responsables de crear la visión, los recursos más importantes en ese proceso son los líderes mismos. Ellos estudian y analizan el mercado para identificar fuerzas y debilidades, obstáculos y oportunidades. Convocan a la intuición, al valor y a los recursos tangibles, para crear un escenario más luminoso para el futuro. Los líderes fijan las metas y determinan los medios de satisfacer esas metas.

CAMINAR POR LA CUERDA FLOJA

A menudo, los cristianos que suben a posiciones ejecutivas en el mundo comercial encuentran que deben luchar con una tensión entre la cultura corporativa y sus creencias espirituales. La corporación da énfasis a las ganancias. La fe cristiana da énfasis a las personas. En la estructura corporativa, el gerente general es el líder principal. En la fe cristiana, Dios es el verdadero líder.

Para los no creyentes que lideran corporaciones, la sabiduría que está como base de la visión es innata. Para los cristianos que sirven a Dios con la capacidad de ser ejecutivos corporativos, la sabiduría para hacer todo lo que sucede, viene de Dios. Reconciliar estas inmensamente divergentes perspectivas, a menudo llega a confundir a los líderes y a sus seguidores cuando intentan dar sentido a estas perspectivas en competencia.

Aun cuando la tensión puede ser creada por una persona que es un discípulo de Cristo y al mismo tiempo es un líder comercial, la Biblia es clara con respecto a cómo un cristiano debe comportarse en el mercado. Los cristianos que están en una posición de liderazgo deben adoptar un conjunto completamente diferente de valores y metas, de los que han sido seguidos por individuos que tienen una filosofía no centrada en conocer, amar y servir a Dios. Para los cristianos, el liderazgo significa más que simplemente tener una fuerte línea de fondo; significa dirigir todos los esfuerzos comerciales de una manera tal para servir y dar la gloria a Dios. Debido a este conjunto de valores radicalmente diferentes, los líderes cristianos también deben tener una comprensión diferente de la visión.

Una visión que no está centrada en Dios puede disfrutar de un éxito breve, pero probablemente no haga un impacto duradero

Los líderes cristianos deben reconocer que cualquier visión basada en sus propias capacidades será defectuosa y limitada. Debido a que son individuos pecadores con capacidades restringidas y tendencias egoístas, confiar en ellos o en su propia intuición, en sus habilidades, sus talentos, sus visiones y sus sueños, es peligroso, sobre todo cuando el objetivo es determinar cómo dirigir un ministerio eficaz.

Los líderes cristianos auténticos son personas que saben que cuando quedan solos para tomar decisiones, algunas opciones invariablemente reflejan la naturaleza del no regenerado. Demuestran valores, creencias, deseos y metas que no se alinean perfectamente con la mente y el corazón de Dios. Pero porque son líderes cristianos, saben que deben apuntar al Señor para obtener una mejor perspectiva en lo que deben hacer con los recursos y oportunidades que les fueron confiados por Dios.

LA VISIÓN DEL HOMBRE ES IMPERFECTA

Cuando la gente crea una visión que no está centrada en Dios, puede disfrutar un éxito momentáneo, pero es probable que no proporcione un impacto positivo y duradero.

De hecho, cuando confiamos en nuestras propias facultades para crear una visión para el futuro, Dios probablemente sacude su cabeza por la desilusión. *"El señor conoce los pensamientos del hombre, sabe que son solo un soplo"* (Salmos 94:11). Por el hecho de saber que no tenemos lucha contra carne y sangre, sino contra principados (Efesios 6:12), nosotros debemos hacer lo que podamos para apoyarnos en la sabiduría, la intuición y el conocimiento de Aquel que tiene el gran cuadro y todo sus detalles en una vista completa, que nos guiará con nuestros propios y mejores intereses en mente.

Todo lo que tienes que hacer es examinar la visión de los hombres que son considerados líderes en el mundo, para ver la futilidad absoluta de los mejores esfuerzos de los seres humanos sin la unción especial y sin la guía de Dios.

Si estudias la visión adoptada por muchos de los principales ejecutivos comerciales de hoy, encontrarás que raramente refleja un deseo de glorificar al Creador que les permitió subir a esa posición de liderazgo. Su visión generalmente tiene poco para hacer con el avance de la sociedad y la restauración de una cultura temerosa de Dios o de los valores de integridad. Sus objetivos generalmente se enfocan en la rentabilidad, la expansión orgánica, la mejora de la imagen, del producto o de la iniciativa creativa. Estos no son, en ellos mismos, fines impropios a seguir. Sin embargo, lo que hacen es reflejar las limitaciones de la visión centrada en el hombre.

Esas visiones humean de tanto egocentrismo. Su creencia fundamental es que lograremos nuestros objetivos si simplemente ponemos la tenacidad suficiente, si somos lo suficientemente hábiles, si empleamos técnicas sofisticadas o si usamos el mundo con astucia para ganar ventaja. La única cosa que prevalece entre nosotros y la satisfacción total, en este punto de vista, es nuestra propia ineptitud. Debemos ser capaces de lograr cualquier cosa que en nuestras mentes nos propusimos hacer.

LAS LIMITACIONES DE LA VISIÓN DEL HOMBRE

La visión creada por los hombres es, no obstante, aplacada por la percepción de limitaciones humanas, de la realidad de los recursos y de la información incompleta acerca de los ambientes que buscan conquistar.

Aunque los individuos pueden soñar en grande, también soñarán con la realidad. Al creer que no pueden desafiar las leyes de la ciencia, no pueden desechar las lecciones de historia, ni pueden extender las habilidades naturales de las personas y tampoco de las organizaciones; tales visiones son reprimidas al reconocer o asumir limitaciones de realidades naturales, físicas, emocionales, financieras y legales.

El individuo más exitoso tiene una razón suficiente para ignorar las habilidades personales y buscar la visión en Dios

Esas visiones también son basadas en la habilidad de la mente humana para concebir un gran plan. Sin la intervención sobrenatural, no podemos soñar nada que sea más grande de lo que nuestra imaginación permitirá. Nuestra imaginación está limitada por los datos crudos con los que hemos tropezado y procesado intelectual o emocionalmente. Y raramente nos atrevemos a planear aquello de lo que no podemos esperar que se haga realidad.

Reúne todos estos factores y comprenderás que la visión desarrollada por los seres humanos padece de enormes limitaciones. Está limitada por las habilidades y las capacidades personales. Se filtra a través de los límites sociales y culturales, y a través de las expectativas. Esa visión está impedida por restricciones orgánicas y obstáculos. A veces es forzada por compromisos comunales. Y normalmente está muy seriamente limitada por la ausencia de una perspectiva espiritual construida en el tejido de los ingresos y en el proceso.

Debido a estas restricciones, la visión del hombre para el futuro es relativamente predecible y mundana. Garantizado, una "buena" visión que está bien enunciada, a veces es capaz de estimular a un rendimiento creativo y superior. Sin embargo, la visión de la gente muy rara vez alcanza el pináculo, porque ha sido engendrada por una fuente limitada.

De hecho, la visión desarrollada por la gente corre el riesgo de ser la visión equivocada para un grupo de personas en un momento dado de la historia. Porque la visión se desarrolló siguiendo una base de información, un filtro psicológico y un proceso creativo inundado de imperfecciones; la probabilidad estadística de que la visión sea imperfecta, es extremadamente alta.

De esta manera, incluso cuando ponemos a nuestra gente más inteligente y más experimentada en el papel del visionario, sus oportunidades de producir una visión perfecta para la organización son pequeñas.

EXPLOTAR UN RECURSO ILIMITADO

Por definición, lo que Dios produce es perfecto. Y uno de los recursos que Él continúa produciendo hoy, es la visión para su pueblo, para que este la tome y prosiga.

Dios conserva un llamado para la vida y ministerio de cada uno. Mientras tenemos la habilidad para aceptar o rechazar ese llamado, Él produce una comprensión de la visión para nuestro futuro disponible si nosotros la buscamos diligentemente.

Aun el individuo más exitoso e introvertido tiene razones suficientes para ignorar las habilidades personales y, en cambio, se vuelve a Dios por la visión.

Perfecta

Primero, la visión de Dios para tu ministerio es perfecta. Es la visión más apropiada para cada uno dada su situación. Refleja un perfecto conocimiento de todas las circunstancias y un perfecto entender de todo el potencial y de todas las posibilidades. Es la visión la que perfectamente corresponde al plan de Dios para el mundo y para los mejores intereses que tú puedas tener. También es una visión que puedes lograr rápidamente a través del poder y el deseo de Dios. Ningún plan humanamente concebido puede eclipsar el plan que Él ha creado divinamente para ti.

Bendita

Segundo, Dios bendecirá la visión para tu liderazgo. Él está obligado a apoyar lo que ha concebido e impartido a sus líderes escogidos. Estaría fuera de los límites del carácter de Dios el concebir la visión, implantarla en las mentes y corazones de su pueblo, para luego volverse atrás cuando ellos tratan de llevarla a cabo. Su marca, a través del accionar en David, Nehemías, Pablo y otros, muestra claramente cuán estable será Él con la visión para nosotros. Dios la bendecirá porque una vez cumplida le traerá honor, gloria y alegría. La visión de Dios es una estrategia a prueba de fallas que el pueblo debe seguir.

Inspirada

Tercero, la visión de Dios para ti es inspirada. Porque fue concebida por el Dios que creó todas las cosas de la nada, y quien controla el mundo desde la eternidad; la visión de Dios es más grande que cualquier cosa que nosotros podríamos crear. Por consiguiente, cuando la captes, será emocionante contemplarla. De hecho, al abrazarla y llevarla a cabo te traerá a una inimaginable satisfacción y realización.

Cuando captes esa visión, encontrarás que tiene a Dios en el centro. Está basada en valores y principios que son el centro de su palabra y refleja su carácter. Su visión se logra a través de nosotros, pero no se enfoca en nosotros. Aun cuando la visión puede traer consigo las acciones que nosotros tomamos para hacer el bien a otras personas, el fin principal es agradar y exaltar al Señor.

Mientras que las visiones detalladas por líderes de negocios e instituciones gubernamentales pueden abarcar una variedad de metas, la visión de Dios impartida a un verdadero líder, invariablemente tiene una sola meta: glorificarle a Él al construir su Reino. Pueden haber varios caminos hacia el logro de esa meta, pero la meta en sí es siempre la misma.

Probado por fuego

No cometas ningún error al respecto, el aferrarte a la visión de Dios no es una tarea simple. Pero es un esfuerzo necesario.

Considera esto. Todos los líderes, sin tener en cuenta sus habilidades y su relación con Dios, se encontrarán con una crisis. Incluso en una situación de servicio al Señor, deberán pasar por dificultades. Comprende que una crisis no es necesariamente una situación negativa. A veces es simplemente un punto de transición en el que tu habilidad para liderar es probada. En los días siguientes, ten en cuenta que podrías enfrentar algún tipo de crisis.

Si eres en verdad un líder piadoso que persigue la visión de Dios, es probable que cuando enfrentes una crisis que amenace el progreso y el impacto de tu trabajo, tengas éxito y sigas adelante con desafíos aun mayores. Si realmente no buscas construir su Reino sino edificar algo con algún otro fin, probablemente fallarás y tendrá que volver a comenzar.

Para muchas personas, es en los tiempos de crisis que el valor de tener la visión de Dios resulta muy obvio. Porque proporciona fuerza, dirección, motivación y paz. Tratar de guiar a la gente sin tal visión sencillamente acelera la aparición de una crisis. Y luego otra. Y otra. Intentar dominar con éxito una situación de crisis sin la verdadera visión, es como intentar escribir un libro sin tener un medio para grabar tus pensamientos. Simplemente, te das cuenta que no posees las herramientas para cumplir con la tarea.

La situación se reduce a esto: en un tiempo de crisis, ¿en qué visión prefieres confiar? ¿En la tuya o en la de Dios? La tuya podría ser lo suficientemente fuerte como para sobrevivir, o podría ser totalmente inadecuada que podría producir un rotundo fracaso. Alternativamente, podrías reconocer que la visión de Dios no puede estar equivocada. Esa visión para tu ministerio será perfecta, apropiada, bendita, accesible y satisfactoria.

Puedes estar seguro de que las crisis, los ensayos y las pruebas vendrán por su camino. Si has decidido confiar en Dios para tu futuro eterno, es justo y razonable que también puedas confiarle tu futuro momentáneo.

Nota

1. John Sculley, *la Odisea* (Nueva York: Harper Collins, 1987), pp. 23, 24, 262, 263.

SEIS

Captar la visión de Dios

PUNTOS DESTACADOS DEL CAPÍTULO

Conócete a ti mismo.

Conoce el ambiente donde desarrollas tu servicio.

Conoce a Dios.

Conoce la sabiduría objetiva.

El tema incomodó a dos hombres. El primero quiso servir a Dios pero no le gustó la iglesia. El segundo sirvió en una iglesia pero no le gustó el ministerio.

"Tener un fuerte sentido de querer hacer un buen trabajo o de querer ser eficaz en el ministerio no es suficiente"; el primer hombre dice hoy: "Usted tiene que desarrollar y ajustar bien la visión para el ministerio, antes de que pueda esperar tener las personas a bordo y comenzar el desarrollo".

Su disgusto por la iglesia al principio, sirvió después como la estructura sobre la que Dios construyó el ministerio. Después de orar fielmente todos los días y "prácticamente gritando delante de Dios" por una respuesta, encontró que Dios lo llamaba a desarrollar una iglesia para aquellos que no querían una iglesia.

Dijo: "Lo asombroso acerca de la visión que Dios me dio, es que ha provocado en mí y en otros el entusiasmo para hacer algo que ordinariamente no podríamos estar entusiasmados en lo más mínimo. Cuando hablo a los pastores, yo les digo enseguida: ni siquiera intenten hacer el ministerio hasta que la visión esté en su lugar".

El segundo pastor se puso intranquilo después de servir en una iglesia de raíces tradicionales durante varios años. La iglesia crecía; él y su familia disfrutaron de la comunidad y su ministerio fue considerado exitoso. Sin embargo, en su interior se sentía insatisfecho e incompleto.

Él dijo: "Si usted no piensa que mi sensación de desencanto con una iglesia tan influyente me hacía sentir muy culpable, piénselo bien. ¿Cómo un hombre de Dios puede ser tan bendecido y sentirse tan desalentado? Yo no compartí esos sentimientos con nadie, ni aun con mi esposa, por un largo tiempo. Solo traté de ocultarlos haciendo lo que pensaba que había sido llamado para hacer. Después de todo, yo era un ministro del evangelio. ¿Qué profesión más noble podría tener un hombre?

"Pero yo no podía mantener esa situación. Finalmente, comprendí: eh, espera un minuto, quizá esa es la manera en que Dios quiere conseguir mi atención y decirme que Él tiene reservado algo más para mí. Una vez que comprendí esto y abrí mis ojos hacia ello, una inmensa carga fue quitada."

En ese punto, se volvió a las herramientas del oficio: orar, leer la Escritura y hablar con los colegas. "Comprendí que solo me había quemado a mí mismo y que era tiempo de confiarle la dirección al Señor. Así que, entré en un tiempo de intensa búsqueda, e intenté asirme de algo de lo que Dios estaba intentando conseguir que yo haga. Hoy, claro, yo sé que Él quería que yo ministre sobre la base de la visión, no solo por tradición y entrenamiento."

Si deseas alcanzar la visión de Dios para tu ministerio, planea invertir en ese proceso

Le tomó varios meses clarificar la visión en su mente y en su corazón. "Sabía qué tenía que ver con la iglesia y con alcanzar a los perdidos, simplemente así fue cómo Dios me relacionó. Pero yo ya estaba en una iglesia y ya tenía una pasión por alcanzar a los perdidos. Yo sabía que Él tenía algo más profundo en la mente, algo que me extendería más y me haría cosechar un fruto más abundante".

Después de una extensa búsqueda, el hombre comprendió que Dios intentaba llevarlo a un lugar diferente, a una forma diferente de ministerio y a un diferente tipo de personas.

"Era aterrador y emocionante al mismo tiempo: esa visión ha demostrado ser absolutamente la mejor cosa que podía pasarme, en el tiempo en el que yo estaba entusiasmado, pero no sin algunas reservas sobre la magnitud de la tarea. Simplemente, parecía imponente comparado con lo que yo era. Así que me imaginé: 'Eh, es la visión de Dios, yo soy su hombre, debo permitirle trabajar a través de mí'. Y Él lo hizo", dijo el pastor.

La visión llevó a este pastor y a su familia a mudarse a otro Estado y plantar una iglesia; el número de miembros se desarrolló rápidamente de veinticinco a más de mil quinientas personas en seis años.

Después dijo: "Una de las lecciones principales para mí fue descubrir la diferencia entre hacer lo que las personas esperan que un pastor haga, y hacer lo que Dios me ha encargado hacer. En mi posición anterior yo llevaba la misión sin la visión. Ahora sigo la visión dentro del contexto de nuestra misión para servir a Dios."

"Como iglesia, estamos más encaminados, más juntos, más resueltos, porque tenemos una meta en común y una única visión del porqué Dios nos tiene aquí. No hacemos la iglesia solo porque eso es lo que tenemos que hacer. Estamos vivos en nuestra fe y en nuestro ministerio debido a un llamado especial que Él dio a la gente, a través de mí, para ser su iglesia."

UNA INVERSIÓN EN LA VISIÓN

Si tú, como esos dos pastores, deseas alcanzar la visión para el ministerio que Dios tiene en mente para darte, planea hacer una inversión en ese proceso.

Si fueras a desarrollar un plan estratégico, podrías imitar algunas de las estrategias y tácticas usadas por otras organizaciones que buscaron lograr un resultado similar al suyo. Si fueras a motivar personas para participar en una oportunidad de ministerio, podrías estudiar cómo otras iglesias han estimulado a las personas para la acción, y adaptar sus métodos. Si buscas dinero para un nuevo programa de construcción, podrías evaluar las técnicas de recaudación de fondos usadas en otras comunidades y tomarse prestado los principios de esas experiencias.

Pero cuando se habla de la visión, no puedes simplemente examinar las declaraciones de la visión de otras iglesias y decirte a ti mismo: "Esto parece grande; amaría hacer eso; tomemos esto como nuestra visión". Si en verdad buscas la visión de Dios para ti, es una cuestión personal entre tú y Dios. Para entender totalmente la visión, debes prepararte para invertir en el proceso de adquisición. La visión de Dios, sin embargo, no viene sin costo.

LOS COMPONENTES DE LA VISIÓN

Cuando buscas la visión de Dios, debes dirigirte a cuatro componentes cruciales. Tener el enfoque en cualquiera de esas áreas es en sí mismo insuficiente. Pablo escribió *"Nadie se engañe a sí mismo; si alguno entre vosotros se cree sabio en este siglo, hágase ignorante, para que llegue a ser sabio. Porque la sabiduría de este mundo es insensatez para con Dios"* (1 Corintios 3:18-19).

¿Qué principios, entonces, necesitas descubrir para adquirir la visión de Dios? *Primero*, debes conocerte. *Segundo*, debes conocer el ambiente donde el ministerio se lleva a cabo. *Tercero*, debes conocer a Dios íntimamente. *Cuarto*, debes ganar la sabiduría objetiva relacionada a tu búsqueda.

Lo que tú puedes saber por adelantado es que Dios te ha preparado para un ministerio especial. Él está deseoso de impartirte el cuadro grande y los detalles de ese ministerio si eres serio con respecto a percibir, abrazar y perseguir el propósito para tu vida. La visión de Dios es un precioso producto que solo Él puede impartir. Es un don que debe ser deseado. No es un regalo sin precio de etiqueta. Él lo da con la expectativa de que comprometas tu vida para cumplir esa visión. Un compromiso menor para la adquisición de la visión producirá un ministerio que falla al entender o comprender el potencial de esa visión.

E L E M E N T O 1

CONÓCETE A TI MISMO

Mucho del proceso para captar la visión de Dios para tu ministerio está relacionado al refinamiento del conocimiento. Como el escritor de los Proverbios señala: *"Todo hombre prudente procede con sabiduría; mas el necio manifestará necedad"* (Proverbios 13:16). Uno de los más importantes tipos de conocimiento que puedes poseer es el conocimiento acerca de ti mismo: de cómo Dios te ha creado y cómo percibes el mundo a la luz de tus habilidades y tu carácter.

Dios no está a punto de enviarte en su nombre a pelear batallas que no puedas ganar. Pero antes de que puedas salir victorioso de los varios campos de batalla en los que el ministerio tiene lugar, debes tener la concreta y exacta comprensión de quién eres, cómo has sido dotado y cuál es la naturaleza de tu corazón. Sin esta visión, las oportunidades que tendrás para poder comprender totalmente el alcance y el detalle de tu visión serán insignificantes.

Empieza desde el principio

Para llegar al punto en dónde Dios puede confiarte el don de la visión, empieza preguntándote por qué estás en el ministerio. Exceptúa todas las respuestas enseñadas en un seminario y las contestaciones socialmente aceptables. Ve una por una con Dios y honestamente dile por qué estás en el liderazgo. ¿Cuál es tu motivación?

Conozco algunos individuos cuya búsqueda de la visión de Dios terminó en esta temprana coyuntura. Sobre la idea de venir limpios ante Él, comprendieron que sus razones los inhabilitaban para un verdadero liderazgo. Buscaban los aplausos y la aceptación de las masas, buscaban el poder sobre la gente y sobre las organizaciones, la imagen de espiritualidad o ser vistos como expertos. Esa condición trajo a la mente el proverbio que dice: *"No toma placer el necio en la inteligencia, sino en que su corazón se descubra"* (Proverbios 18:2).

¡Qué maravilloso es que estas personas fueran capaces de llegar a una apreciación honrada de quiénes eran, y por qué estaban comprometidos con el ministerio! Aunque la consecuencia de esa honestidad era dolorosa, no era tan dolorosa como hubiera sido una vida de continuo engaño en ellos mismos. Es mucho mejor dejar un ministerio al darse cuenta que no se tiene una sana motivación, que luego crecer para más tarde guiar a cientos de personas hacia el caos y la frustración, porque esos pastores desempeñaban un papel de algo que no podrían llevar a cabo.

Haz preguntas difíciles

Debes identificar los valores, actitudes, suposiciones y experiencias que rodean el corazón de tu ministerio. No es posible que una persona tenga un completo conocimiento de sí misma a menos que se enfrente con algunas de estas preguntas difíciles. Una de las más reveladoras preguntas, se refiere a la identificación de aquellos asuntos que te apasionan. ¿Qué es aquello que, sin falta, te anima en el ministerio? ¿Cuáles son los asuntos del ministerio que te mantienen despierto hasta tarde en la noche, que te hacen soñar con anticipación y expectativa? ¿Qué resultados del ministerio anhelas personalmente? Porque la visión es eficaz solamente cuando hay una pasión detrás de la entrega, y es importante conocer aquellos "puntos de pasión".

En la evaluación de ti mismo debes explorar también la comprensión de tus fuerzas personales y tus debilidades. En tu esfuerzo para pintar un retrato realista de quién eres, debes describir ambos lados de la cerca, el bueno y el malo. Sé tan profundo en este examen como sea posible, no mires solo las cualidades relacionadas con el ministerio, sino también tus características emocionales, intelectuales, personales y físicas.

Lo que sigue son algunas de las preguntas que han demostrado ser de ayuda para los líderes cristianos, cuando piensan por causa de quién están y por qué están envueltos en el ministerio.

Preguntas sobre tus emociones

- ¿Qué te enciende en la vida? ¿Qué te apaga emocionalmente?
- ¿Durante qué situaciones te sientes más vivo o exuberante?
- ¿Qué personajes bíblicos captan tu imaginación? ¿Por qué?
- ¿Qué hace que la vida sea digna de vivirla?
- ¿Quiénes son las tres personas más importantes de tu vida? ¿Por qué?
- ¿Quiénes son las tres personas que más respetas? ¿Por qué?
- ¿Cuál es tu tipo de personalidad? ¿Cómo eso impacta tu ministerio?

Preguntas sobre tus habilidades

- ¿Cuáles son tus dones espirituales?
- ¿Qué metas has fijado y cuáles has alcanzado en los últimos cinco años?
- ¿Qué metas has fijado y no has logrado durante ese período?

- ¿Qué te impidió alcanzar tus metas?
- ¿Qué metas tienes miedo de fijar solo porque te sientes incapaz de alcanzarlas?
- ¿En qué forma Dios te hizo diferente a otros? ¿Qué únicos o especiales talentos posees?

Preguntas sobre tu intelecto y tus perspectivas

- ¿Cómo definirías una iglesia “exitosa”? ¿Qué necesitaría tu iglesia para tener “éxito”?
- ¿Cómo definirías a un pastor “exitoso”? ¿Qué se necesita para que tenga éxito?
- ¿Cómo definirías a un piadoso líder cristiano? ¿Cómo te comparas con esa descripción?
- ¿Qué diferencia a un líder cristiano de un líder no cristiano?
- ¿Eres lo suficientemente sabio como para discernir la visión de Dios para tu ministerio?

Preguntas sobre tu corazón

- ¿Qué te hace llorar? ¿Por qué?
- Si pudieras terminar solo una tarea en la vida, ¿cuál sería? (¡Sé honesto con esta pregunta!)
- Si tus amigos y familia recordaran solo una cosa después de que mueras, ¿qué querrías que recordaran?
- ¿Por qué oportunidades o resultados estarías dispuesto a soportar la persecución física? ¿Y la persecución intelectual o emocional?
- ¿Qué pasajes de la Biblia te hablan más fuerte y más consistentemente?
- ¿Qué pecados cometes más a menudo?
- ¿Cuán profunda es tu relación con Dios ahora mismo? ¿Cómo ha estado la curva del crecimiento de tu relación con Él en los últimos años?
- ¿En qué actividades quedas totalmente absorto? ¿En qué actividades es improbable que crezcas fuera de crecer en madurez?
- ¿Cuáles son los cinco valores del carácter humano frente a los

que sientes que debes, en todo tiempo y a cualquier costo, ser auténtico?
- ¿Qué características te comprometes a perfeccionar en tu vida?

Preguntas sobre tus mentores y modelos

- ¿Quiénes son los cinco líderes espirituales que has conocido personalmente los que más te gustaría imitar? ¿Por qué?
- ¿Quiénes han sido los cinco líderes espirituales más influyentes en tu vida aparte de Jesús? ¿Por qué?
- ¿Quién ha influenciado más tu vida, fuera de los mentores espirituales? ¿Cómo te influenciaron? ¿Qué les dio esa posibilidad?
- ¿Cómo te diferencias de otros líderes que conoces?
- ¿Cuáles son las características de un pastor ideal? ¿Cuáles de ellas posees? ¿Cuáles no posees?

Preguntas sobre tu ministerio

- ¿Ministras actualmente sobre la base de la visión? En ese caso, ¿de quién es la visión? ¿Cómo adquiriste esa visión?
- ¿Cuál es tu deber o responsabilidad más difícil como líder?
- ¿Qué actividades del ministerio te deprimen? ¿Cuáles te hacen más ambivalente? ¿Qué actividades te apagan?
- ¿Cuál es tu visión para tu ministerio personal, es decir, la visión para tu ministerio aparte de lo que haces como líder de la iglesia?
- ¿A qué grupos de personas te sientes naturalmente atraído en el ministerio?
- ¿Qué hace que un ministerio de tiempo completo valga la pena para ti?
- ¿Qué experiencias del ministerio te proporcionaron la mayor realización? ¿Qué experiencias te produjeron la mayor desilusión?
- ¿Cuál es el papel de tu familia a la luz de tus obligaciones en el ministerio?

Entiende que estas preguntas no forman una lista exhaustiva, pero están diseñadas para hacerte pensar en áreas que debes examinarte si estás en preparación para la visión de Dios. Él quiere usarte de una manera especial. Pero debes ser un líder comprometido para poder conocerlo y servirlo, lo que demanda que tengas una firme y correcta comprensión de tu carácter, de tus capacidades y de tu corazón.

ELEMENTO 2

CONOCE EL AMBIENTE DONDE DESARROLLAS TU SERVICIO

Las decisiones buenas son hechas en el contexto. Por consiguiente, es importante que obtengas una vista cabal del contexto dentro del que ministrarás. Si precisamente estás por recibir la visión que Dios busca comunicarte, conocer los contornos del ambiente en el que ministrarás es un elemento integral que te ayudará a tener una mejor comprensión de lo que Él te dice.

Cuatro elementos dominantes están involucrados cuando intentas conocer el ambiente donde tienes que servir: tu comunidad, tus colegas, tu congregación y tu competencia.

Tu comunidad

Es importante tener un conocimiento objetivo de las personas que viven en tu mercado geográfico. Este mercado puede ir desde una establecida y fácilmente identificable comunidad rural, hasta un complejo crisol de fundición de culturas que residen en un área metropolitana, y que cambia muy rápidamente.

Entre las piezas de información que debes tener a mano, están los atributos demográficos de la población, las actitudes más importantes que ellos poseen, los valores que determinan sus pensamientos y sus formas de vida, las creencias que forman su carácter, los estilos que describen sus actividades diarias y las necesidades conocidas que tienen los habitantes.

Esta es un área donde el líder debe trabajar con otros miembros de la organización. Este tipo de información es a menudo usado por especialistas en marketing, por anunciantes, sociólogos e investigadores. Es muy común encontrar estos datos en algún lado, quizás por medio de algún miembro de la congregación que trabaja en una de estas áreas.

Las conversaciones personales con los comunicadores y con los fabricantes de opinión en la comunidad agregan una dimensión "humana" a tal estudio. Habla con personas, como por ejemplo el jefe de la policía, el director del colegio, con un juez municipal y con el alcalde o intendente. No pases por alto aprender acerca de la comunidad a través de los ojos de otros individuos que viven, trabajan y juegan en la ciudad donde te toca servir.

Tus colegas

Deberías disfrutar de más de un "Hola, ¿cómo está usted?", en tu relación con otros pastores del Evangelio. Después de todo, no compites con ellos.

Parte del proceso de captar su visión, es entender por qué Dios ha permitido que otras iglesias existan en tu área. Mi punto de vista es que Él ha dotado a diferentes iglesias de diferentes maneras para realizar diferentes tareas, tareas que pueden compartir una misión en común, pero que no están en conflicto en lo que se refiere a los individuos a alcanzar.

Actúa recíprocamente con pastores compañeros para descubrir la visión de ellos para el ministerio: en qué forma es único, qué lo hace diferente, cómo podrías complementar lo que tienes que hacer, cómo puedes apoyar sus esfuerzos.

También puedes aprender de las experiencias de ellos en la comunidad, y de ese modo evitar cometer los mismos errores o seguir estrategias imprudentes. Las experiencias de ellos pueden ayudarte a entender lo que Dios te guía a hacer, te provee de una perspectiva más amplia o más profunda en los parámetros del ministerio de tu iglesia.

Tu congregación

Para guiar eficazmente a un grupo de personas, debes interpretar la visión de tal manera que tenga sentido para tu gente. En el contexto de la iglesia, esto significa conocer la historia de la congregación y tener una opinión correcta del pensamiento y las emociones de las personas.

Habla con las personas de tu congregación para descubrir las frustraciones que han tenido con la iglesia y para determinar sus roles en la comunidad. Construye relaciones significativas con la gente para que puedan comunicar un honesto informe sobre la dirección y el futuro de la iglesia. Sería ventajoso conocer las ideas de las personas que demuestran un ávido interés en saber hacia dónde va la iglesia. Aunque no pueden dictarte la visión, pueden ayudarte a entender cómo la visión ayudará a la iglesia, y cómo orientarte para enunciarla mejor para que todos puedan abrazarla.

Tu competencia

¿Cuál es tu competencia? No son las otras iglesias en el área. Tu competencia es la televisión, dormir tarde o hasta tarde, las ventas en el centro comercial, las ligas deportivas locales u oportunidades atléticas, las actividades familiares, pasatiempos personales y acontecimientos similares.

Para lograr la mayor parte de la visión de Dios, debes tener firme dominio sobre esta competencia y sobre por qué las personas escogen esas opciones por encima de su compromiso con la iglesia. También estudia la intensidad del compromiso de tu gente para con esos competidores. Las respuestas a estas preguntas te ayudarán a crear una visión para el ministerio.

ELEMENTO 3

CONOCE A DIOS

Esto puede pasar como una sugerencia simplista, una realidad asumida para ser "conocida" por las personas que lideran iglesias o que están envueltos en un ministerio de tiempo completo. No obstante, estoy sorprendido de cuántos líderes pasan regularmente un tiempo mínimo en la construcción de su comunión con Dios, e intentan establecer un conocimiento que se extiende alguna vez acerca de quién es Él.

Los líderes cristianos con visión lo han hecho evidente para mí: no podrás conocer la visión de Dios para tu vida a menos que primero conozcas a Dios. Ese conocimiento debe trascender del simplemente reconocer a Cristo como Señor y Salvador, o del hecho de consentir que Dios es eterno, perfecto y omnipotente. La relación debe ser profunda y personal.

Las oportunidades para tu liderazgo espiritual son proporcionales al conocimiento que tengas de Dios. A menos que decidas conocer al Señor a tal grado, Él tendrá muy poco interés en comunicarte su visión, ya que Dios no es una prioridad lo suficientemente importante en tu vida como para que busques que la relación crezca.

Permíteme recomendar tres medios críticos para conocer a Dios en la preparación previa a la comunicación de la visión.

Estudia la Palabra

Estudia la Biblia. Ve más allá de leer meramente por "estar en la Palabra". Muévete más allá del punto bíblico que usas como un recurso sobre el que preparas los sermones o las enseñanzas. Trata a la Biblia como el texto sagrado que realmente es: es el libro que descubre los misterios de la naturaleza de Dios, la plenitud de sus sueños, la sabiduría de sus métodos.

La Biblia debe servir como un medio para fortalecer la relación que deseas construir con Dios. Si el temor del Señor es el principio de la sabiduría, conócelo tan bien que puedas tener ese equilibrio entre el temor saludable de un Creador Todopoderoso que gobierna, y un sentido de proximidad con un Padre amoroso y perdonador.

Ten presente que tratas de imaginarte cómo Dios ha usado y ha trabajado a través de otras personas de intelecto limitado, y con talentos naturales, para llevarlos a una visión que era claramente más grande de la que ellos tenían, o de algo que no habrían desarrollado por sí mismos. El hecho de entender cómo Dios ha trabajado en las vidas de otras personas te clarificará algunas de las maneras en que Él lo hace en nosotros hoy.

Sigue las actividades y las líneas de razonamiento atribuidas a Pablo. Ponte en el lugar de David y comprende sus circunstancias y su corazón. Evalúa las decisiones de Josué y cómo su relación con Dios afectó sus determinaciones. Alcanza perspectivas inestimables en las maneras en que estos modelos de roles vivieron, oraron, adoraron y usaron las disciplinas espirituales.

También llegarás a estar más informado con las características y atributos de Dios. Cuando bosquejes la declaración de una visión, este estudio podría incitarte a decir: "Eh, espera un minuto, yo sé que Dios tiene *A*, *B* y *C* atributos. Yo sé que sus características son *X*, *Y* y *Z*. Este tipo de visión no parece venir de Dios porque es inconsecuente con todo lo que realmente es Él".

El estudio también afectará tu corazón, tu intento por imaginarse quién eres a la luz de quién es Él. Puedes hacerte tal pregunta como: ¿Qué es mi corazón? ¿Qué trato de lograr? ¿O trato de usar a Dios para mi beneficio?

Al determinar la condición apropiada de tu corazón, repasa el ejemplo fundamental de Jesucristo, de las vidas de otras personas con visión, y de cómo el propio Dios habló a su creación y trabajó a través de ella, de maneras muy tangibles y específicas. Hasta que tu corazón esté en el lugar correcto, la posibilidad de que Dios te confíe su visión es relativamente pequeña. El recurso es demasiado precioso para compartirlo al azar.

Imagina el libro que podría escribirse sobre tu vida como una persona conforme al propio corazón de Dios, de alguien al que el propio Dios confió una visión personal hecha a la medida para el ministerio, y cuán adecuadamente viviste esa visión. ¿Cuánto te gustaría leer ese libro?

Tu exploración en la Biblia probablemente alimentará tu habilidad intelectual para relacionarte con Dios.

Evalúa tu vida de oración

El estudio de la Palabra y la oración es un proceso unificado. Necesitas alimentar tu relación con Dios, orando. Al abrazar la visión, la oración es un ingrediente indispensable en el proceso.

Típicamente, la oración es un tipo de línea de demanda en donde nosotros pedimos aquellas cosas que nos agradan, opuestamente a permitirle a Dios que conozca nuestra condición y nuestra disponibilidad para servirle. Hacemos intrépidas oraciones, pero lo que debería motivar nuestras peticiones es el comprender cómo Él puede usarnos en un conjunto particular de circunstancias para lograr resultados específicos.

La clave no está tanto en lo que nosotros queremos lograr, sino en que seamos vasos dispuestos a esperar su dirección sobre cómo podemos ser más útiles para Él en el ministerio.

En el desarrollo de la visión, la oración es crucial porque es el tiempo en donde puedes pedirle a Dios que te hable. Él podría hacerlo para que transmitas impresiones que luego debes seguir en términos más tangibles. Él podría hacerlo y hablarte directamente con palabras que parecen audibles. La clave es estar en silencio y enfocarse lo suficiente como para permitirle irrumpir en tu corazón y comunicarte lo que quiere que alcances.

Una parte vital para conocer la visión de Dios es estar tiempo en suficiente quietud, y atento para oírle. Algunos líderes generalmente son personas que sienten que tienen éxito solo cuando están activos. Dios, sin embargo, parece hablarles más claramente cuando están inactivos; es decir, cuando hacen un esfuerzo consciente para permitirle a Él guiar la conversación e impartir la sabiduría a su manera y en su tiempo.

Esto requiere que pases mucho tiempo permitiéndole a Dios dirigir tus pensamientos. La parte inquietante de este proceso es que claramente debes autorizarlo a Él estar en el mando. Esta es una realidad dura de aceptar para muchos líderes.

Cuando ores y presentas tus peticiones, asegúrate de pedirle que te preparare para la visión, que te hable con claridad. Cuando creas que has oído y entendido esa visión, asegúrate de pedirle a Dios que la bendiga para su gloria.

Un tiempo para ayunar

Un tercer medio para facilitar el conocimiento de Dios, es el ayuno. Respecto a cuando se dice que la Biblia es anticuada, podrías argumentar que el ayuno también lo es. Esta disciplina, sin embargo, fue muy valiosa para ayudar a Nehemías, a David, a Pablo y a otros personajes bíblicos para llevarlos más cerca de Dios.

El ayuno es una de las disciplinas básicas que Dios quiere que los líderes practiquen hoy con el fin de concentrarse en recibir su guía. Otra vez, es un reflejo de dónde está tu corazón. El ayuno no es tanto un medio de limpieza, como lo es de preparación para que Dios realmente pueda alcanzarte. No hay nada mágico en el ayunar. Es una parte del proceso para preparar tu viaje hacia la toma de la visión.

ELEMENTO 4

VERIFICA LA VISIÓN

"Donde no hay buen consejo, el pueblo cae, pero en la abundancia de consejeros está la victoria" (Proverbios 11:14).

Ciertamente es una valiosa experiencia estar rodeado por gente que se preocupa por nosotros y nuestros ministerios. Muchos de ellos son sabios en los caminos del Señor. Uno de los más grandes valores que traen a nuestra vida, es la habilidad que tienen para hablar honesta y abiertamente con respecto a sus esfuerzos en servir a Dios. De la misma manera, qué fructífero es cuando esas personas nos ofrecen sus apreciaciones acerca de cómo se ve nuestra vida y de qué forma llevamos a cabo la visión de Dios.

El propósito de obtener la perspectiva de consejeros externos, no es para permitirles determinar o amoldar la visión. Más bien, para que puedan ayudarte, desde su mirada externa, a no desviarte de la visión que has abrazado, ni caminar por caminos que solo a ti te parecen correctos.

Cuando descubres que la visión requiere cambio, trabajo duro, compromiso y perseverancia, serás estimulado a templar tu percepción de la visión de Dios y ser más preciso en el obrar. La sabiduría de los consejeros a menudo te desafía, te hace retroceder para que puedas mirar mejor y obtener una comprensión más completa del deseo de Dios.

Al repasar tu apreciación de la visión de Dios para tu servicio, debes ser totalmente honesto y abierto respecto a ella. Permite a tus consejeros contestar después de una declaración completa de lo que entiendes de la visión, y de tu reacción hacia ella. Ora con esos individuos para que ellos, también, puedan dar testimonio en la paz de Dios, de lo referente a la visión.

No te desalientes

Una de las tareas más difíciles en la aventura de la visión, es oír a tus consejeros de confianza decirte que tu jornada de descubrimiento parece estar incompleta, o que debes continuar buscando a Dios para obtener una comprensión más profunda. No trates con tal consejo como si fuera un fracaso, sino como la indicación de que el proceso fue interrumpido prematuramente. En el fin, tu ministerio estará en mejores circunstancias para perseverar en la búsqueda de la claridad y la expansión de la visión.

Tus consejeros pueden no tener la profundidad de intuición sobre la visión que tú posees. Eso solo es natural dada la inversión sustancial que has hecho en el proceso. Sin embargo, no seas demasiado rápido para desestimar las palabras de los que son usados por Dios para estimular tu perspectiva: *"El camino del necio es recto a sus propios ojos, mas el que escucha consejos es sabio"* (Proverbios 12:15).

¿CUÁNDO TENDRÁS LA VISIÓN DE DIOS?

No hay ninguna manera de decir cuánto tiempo te tomará abrazar la visión de Dios para tu vida. Algunos líderes dicen que les tomó solo unos pocos días. Otros confidencialmente dicen que les tomó muchos meses tener claridad sobre el asunto. He comentado a algunos pastores con expreso escepticismo que a un verdadero líder podría tomarle un tiempo bastante largo captar la mente de Dios en esta área.

Comprende, sin embargo, que no todo líder ha sido entrenado para pensar desde todo punto de vista, tampoco en cómo conocer y apoyarse en la visión de Dios. Los individuos que pasaron meses y meses en la búsqueda de la dirección de Dios, fueron lo suficientemente honestos como para admitir que si bien no estaban alejados de Él, necesitaron volver a alinear sus corazones para ser lo suficientemente puros y poder oírle, ya que nunca habían servido a la visión de Dios, sino que habían seguido la propia.

También puedes descubrir que no eres un líder, y por consiguiente no tienes ninguna visión. Las personas que dirigen y no son líderes, pueden trabajar toda una vida en la declaración de una visión y no determinar el llamado de Dios para su iglesia.

El factor más importante es perseguir obstinadamente la visión de Dios. No permitas que el desgaste del proceso te derrote. Toma tiempo. Demanda un esfuerzo intelectual y emocional. Requiere de tener voluntad para ser sensible a los consejeros. Requiere de excavar en lo más profundo de sí mismo para ser vulnerable ante Dios. Vivimos en una sociedad que denigra tales esfuerzos.

Puedes ministrar en una iglesia donde la mayoría de las personas tal vez no entenderían la profundidad del compromiso que la visión requiere, o en donde los líderes laicos están impacientes por comenzar con una declaración de la visión. Lo que importa es cómo te comprometes con Dios, cómo te sometes a su guía y cómo te comprometes para ser fiel en llevar a cabo la visión que Él te ha preparado.

SIETE

El carácter de la visión de Dios

PUNTOS DESTACADOS DEL CAPÍTULO

Si captas la visión de Dios para tu ministerio, verás que tendrá específicas cualidades predecibles.

La visión de Dios es inspiradora.

La visión es un medio para describir la actividad y el desarrollo del ministerio.

La visión de Dios te llevará más allá de las limitaciones que asumiste como obstáculos.

La visión es comisionada.

Dios ha creado una visión personal en la que encajas perfectamente.

La visión es detallada.

La visión está orientada a las personas.

Anteriormente indiqué que las definiciones de la visión de algún modo no pueden tomarse literalmente para cada caso. Tales descripciones parecen una parte quitada del latido del corazón de la verdadera visión. Las definiciones proporcionadas en las páginas anteriores de este texto solo sirven como una guía útil para trabajar a través del proceso y llegar al punto de vista de Dios de lo que podrías hacer mejor para agradarle.

En las próximas páginas quizás podamos construir sobre la definición y hacer que el proceso cobre vida. Cuando empieces a alcanzar las dimensiones y el cuerpo de la visión, descubrirás que esto empieza a cambiar lo que eres. Porque la visión se convierte en la fuerza conductora en la dirección de tu propósito, reforma tu personalidad y tu conducta en grado significativo.

LAS CARACTERÍSTICAS DE LA VISIÓN

Con el fin de que pases la mayor parte de tu tiempo en aprender quién eres, lo que Dios desea para ti y cómo es el carácter del Señor, podría ser muy productivo considerar algunas de las características probables de la visión en sí, porque esas características alterarán tus perspectivas y tu accionar.

Comprende que la visión que tienes reflejará tus valores y creencias básicas. Esos elementos son una parte tuya inseparable, y se integran en cada decisión y juicio que haces.

Estos elementos también son importantes porque sirven como parte del filtro a través del que determinas cómo responder a las siempre cambiantes circunstancias. Esta es una de las razones de por qué es importante que la visión, opuesta a la misión, sea específica y detallada.

Mientras no tengas bien definida y claramente pronunciada tu filosofía de vida o de ministerio, tu visión actúa como un mecanismo prefijado que te permite tomar decisiones consistentes en ausencia de tal filosofía. Mientras tanto, podemos examinar más estrechamente los siguientes atributos de la visión que Dios te ha preparado.

La visión es inspiradora

¿Puedes imaginarte entender el punto de vista de Dios con respecto al mundo, y cómo Él desea usarte para transformarlo, y luego te sientes decepcionado por tu punto de vista? ¡Difícilmente! ¿Qué podría ser más inspirador que seguir los sueños que Él tiene para tu vida? Cuando obtengas la visión de Dios para tu vida, indudablemente te entusiasmarás y estimularás para continuar con el trabajo que tienes en tus manos.

La visión llega a ser una razón audaz para vivir. Es un distintivo de propósito que el portador lleva orgullosa y valientemente

Al hablar con pastores que han trabajado a través del proceso de captar la visión y que ahora trabajan para realizarla, algunos declararon que creen que hay una clara diferencia entre el proceso de captar la visión y la experiencia de vivirla. Para estos hombres, el proceso era como una experiencia de asesoramiento intensivo.

El proceso empezó a tener impacto solo cuando alcanzaron el punto en el que se comprometieron a hacerlo funcionar. Tomó horas de reflexión, estudio, oración e interacción, y caminar paso a paso hacia el descubrimiento de la visión.

Cuando la visión se grabó en sus corazones, aunque con procedimientos completamente diferentes, se pusieron en operación y emergió una gama de emociones dispares. Por lo que dicen, parece que el proceso era íntimo, delicado y también agotador.

Estaba colmado de las maravillas del misterio y del descubrimiento. Ese proceso les trajo a través de todas las partes de la revelación acerca del ego, del mundo, de otras personas y de su comunión con la Trinidad, basada en la fe. El proceso de aplicación de la visión, en contraste, era un esfuerzo vigorizador, motivador y emocionante.

También debemos decir que tiene momentos de frustración basados en la incapacidad para comprender los resultados deseados o el agónico paso lento del progreso. Pero la habilidad de predecir el resultado y creer que Dios bendecirá los esfuerzos hacia esos resultados, permite al líder mantener el entusiasmo y la emoción durante el proceso.

La mayoría de los líderes entrevistados están de acuerdo en que la visión probablemente no es de Dios si no entusiasma hasta el punto de que te pone impaciente con las personas, sistemas o situaciones que no corren con ella.

Los pastores con visión también notaron que a veces alcanzan un estado de euforia cuando miran en perspectiva los resultados que puede arrojar la visión. Esto, en sí mismo, era una nueva experiencia para varios de estos hombres, porque algunos no eran seres particularmente emocionales. Pero la fuerza de la visión era algo que los inundaba, creían y vislumbraban el potencial y el impacto que resultaría cuando esta fuera una realidad.

La visión, entonces, se vuelve una razón audaz para vivir. Es un distintivo de propósito que el portador lleva con orgullo y valentía. La visión no es visión si no inspira.

La visión está orientada al cambio

La ciencia nos ha enseñado que cada entidad viviente cambia constantemente. Científicos incluso se han puesto de acuerdo en un término para describir aquellas entidades que no cambian constantemente. La palabra es "muerto". Igualmente, un liderazgo espiritual que apunta a alguna otra cosa que no sea el cambio, invita a la eutanasia.

La visión es un medio para describir la actividad y el desarrollo del liderazgo, es el camino en el que el ministerio llegará a ser más significativo para las vidas de las personas. Una visión que viene de Dios va más allá del simple reconocimiento de que el cambio es saludable; celebra la habilidad y la oportunidad de cambiar.

Puedes preguntarte por qué Dios no coloca dentro de nosotros una visión de "siempre igual". Piensa en organizaciones, personas o movimientos que se esfuerzan por mantener el mismo programa de actividades y el mismo nivel de desempeño todo el tiempo. Les falta la emoción. Son incapaces de inspirar y activar a las personas. No tienen un impacto significativo en la sociedad. De hecho, debido a que el resto del mundo está en progreso y busca crecer, el grupo del "siempre igual" en la actualidad pierde terreno al buscar permanecer en el mismo sitio.

La visión de Dios para tu ministerio no cambiará rápidamente ni será algo que lograrás rápidamente. Sino que perdurará más que tú mismo

Nuestro Dios no se satisface con la rutina y la insipidez. Es el Dios de la creatividad y la diversidad, un Creador responsable en el progreso y el avance (Salmo 104:1-13). Fácilmente pudo haber creado un mundo en el que el cambio fuera extraño o desagradable. En cambio, introdujo la transformación y la usó como un medio para hacer su creación mejor y más interesante. Así también nosotros, su iglesia, debemos invertir nuestras energías en buscar el cambio positivo para el crecimiento del pueblo de Dios y para edificar su reino.

La visión desafía

Dios ama desarrollar a su pueblo. Su visión para ti hará simplemente eso. Con plena seguridad te hará realizar cosas que nunca has hecho antes, y pasará las barreras que alguna vez asumiste que eran obstáculos impenetrables.

En una cultura secularizada como la nuestra, simplemente conocer, amar y servir a Dios es un desafío. Mientras podamos acercarnos a la ejecución de la visión como algo que debe ser logrado a través de una serie de pasos a seguir, recuerda que la visión en sí será lo suficientemente grande que te encontrarás fatigado al desarrollar nuevas ideas y métodos para lograr los fines que buscas.

Y eso es parcialmente lo que hace que un ministerio efectivo siga insistiendo y logrando: el desafío de hacer que lo aparentemente imposible, sea posible.

La visión da poder

Esta es una de las importantes diferencias entre una visión para el ministerio y una visión para el negocio. En el ministerio, la visión comisiona a personas para servir a otros, y finalmente sirve a Dios en el proceso. En el negocio, la visión explora frecuentemente las formas de extender la corporación y capacita a otros para servir a las necesidades de la corporación. La visión mundana se enfoca interiormente; la visión de Dios para el ministerio se enfoca exteriormente.

Cuando examines el carácter de la visión para el ministerio al que te aferras, pregúntate esto: cuándo les leas la declaración de la visión o la describas a los recién llegados, ¿perciben ellos la visión como algo que los prepara y les exige a que sirvan a otras personas? ¿O solo les indica que serán servidos por la iglesia? Si es esto último, o a la descripción le falta claridad o la visión en sí verdaderamente no es de Dios.

La visión es a largo plazo

Cuando la visión es de Dios no cambia ni se logra rápidamente. Requiere años de seguimiento activo. La visión en sí misma puede perdurar aún más que tú.

De esta manera el corazón de la visión permanece sin alteración a medida que pasa el tiempo. Algunos de los detalles al margen pueden cambiar un poco con el correr de los años. Pero el centro de la visión, es decir, la tarea que has sido llamado a realizar, las personas a las que debes alcanzar, el propósito por el que existes, permanecerá inalterable.

Porque en Dios no hay confusión, sino orden. Cuando Él está en control del timón de mando, entrega la visión y se complace en gran manera en ayudarnos hasta que podamos encontrar el éxito; Él será fiel en apoyar la visión.

La implicación de esta realidad es que su visión no cambiará cada uno o dos años. No necesitas constantemente ponderar si sigues la visión correcta para el futuro cercano. Tu energía debe estar dedicada a hacer el ministerio que Él te ha diseñado y de la manera que te fue revelado dentro de la visión.

La visión es personalizada

Tu Dios es un Dios personal. Te creó cuidadosamente. Te conoce íntimamente. Y quiere tener una creciente relación contigo. Por consiguiente, ha creado una visión personalizada que se ajusta perfectamente a quien tú eres.

¡Qué enredo sería el mundo si Dios se acercara mecánicamente a su pueblo!: "Aquí hay una visión genérica bastante buena, de un solo talle que les calza a todos. Cuando mi pueblo busque mi rostro y mi mente, simplemente los guiaré hacia esta visión predecible, pero viable. Permítanles deducir cómo evitar superponerse y confundirse. Si son lo suficientemente diestros, todo finalmente funcionará bien".

Definir la visión tan estrechamente puede encajonarte y limitarte en lo que puedes o no puedes hacer

El Señor está tan involucrado personalmente contigo, que ha creado una visión a tu medida. La visión es única para tus circunstancias y calibrada a tus habilidades. ¿Por qué Dios se preocuparía en hacerlo así? Porque Dios es tu compañero en el ministerio.

¿Qué tipo de relación sería si Él hubiera dictado las reglas del juego para luego simplemente verte cómo te revuelcas en tu ineptitud y confusión, cuando intentas reunir los pedazos y hacer que el ministerio funcione fuera de su poder y de su guía?

No puedes copiar la visión de otra organización o liderazgo. Si ellos han hecho su tarea al trabajar apropiadamente en la relación con Dios, la visión es única y encaja perfectamente con quiénes son y para lo que Dios los ha elegido. De igual manera, no necesitas ser proteccionista de la visión tuya porque ella es pertinente para tu ministerio.

La visión es detallada

La declaración de una misión está basada en los rasgos generales, pero la visión es detallada.

Piensa en una visión que solo te proporcionara una vista amplia, o solo los rasgos generales dentro de los que puedes operar. Esto te serviría de muy poco, ya que no te provee la dirección, no te permite filtrar las oportunidades ni decir que no a los derroches de tus recursos.

Una visión generalizada no te capacita para reclutar personas para una obra significativa, ya que la tarea parece demasiado extensa, o el propósito fracasa debido a la carencia de motivación.

El peligro existe, por supuesto, de definir una visión tan estrechamente que puedas quedar encasillado, limitado, acerca de lo que puedes y no puedes hacer. La visión de Dios no te aprisionará contra un rincón. Por el contrario, te liberará para hacer más de lo que podrías hacer con tus propias ideas. Además, te pondrá parámetros útiles que te dirigirán en el liderazgo en busca de la gloria de Dios.

Debes pensar cuando lees las Escrituras, qué impresionante es que Dios está comprometido e inclusive consciente de los detalles más pequeños de tu vida. Y cuando lees las historias de los líderes visionarios de la Biblia, reconoce cómo Dios les ha dado tareas en gran escala con prescripciones específicas y una guía detallada. Él hará lo mismo contigo.

Nunca supongas que te has aferrado lo suficiente al proceso de captar la visión si tu comprensión de esta permanece incompleta. Permítele a Dios completar los detalles del cuadro para que tus esfuerzos logren su efecto óptimo.

La visión está orientada hacia las personas

Dios no es un gobernante orientado a las tareas. Él creó a las personas, las ama, es un Padre. Él envió a su Hijo a morir por los pecados de la gente. Designó a la iglesia como un medio para que la gente ame a otros y lo ame a Él. Dios es la Persona más importante para los seres humanos.

A la luz de eso, la visión de Dios debe enfocarse en cómo puedes ayudar y proporcionar los medios para cambiar las vidas de las personas. El desarrollo de la organización es útil. Los edificios sirven a un propósito. Los programas son un medio para un fin. Pero el fin en sí mismo está siempre relacionado con cambiar las vidas de las personas.

Debido a esto, la visión tiene en cuenta la verdad de la naturaleza humana y el sentir de las necesidades de las personas que deben servir y que deben ser servidas en el ministerio. La visión también refleja el valor más alto que puede ser logrado por el hombre: una relación más profunda con Dios.

Cuando examines tu declaración de la visión, pregúntate si esta realmente se centra en la importancia del crecimiento de la fe y del compromiso de las personas con Dios. Si la visión refleja cualquier otra inclinación, no es de Dios. La visión de Dios para tu ministerio es la avenida a través de la que puedes facilitar el crecimiento espiritual de las personas.

La visión revela un futuro prometedor

La visión puede despertar muchas otras emociones dentro de nosotros, como por ejemplo:

- El alivio de tener un propósito viable en la Tierra.
- El gozo de saber que Dios puede usarnos.
- La confianza basada en el concepto de que Él bendecirá nuestra fidelidad a su llamado.
- La anticipación al deseo de ver cómo la visión parecerá en la práctica y qué impacto tendrá en las vidas de las personas.
- Esperanza en el futuro, basada en reconocer que Él está en el mando y que nosotros estamos verdaderamente en el lado vencedor.
- Pasión por devolverle a Él una medida del amor que nos demostró al hacernos dignos de su misericordia y prepararnos para ser parte de su equipo y destinados para verlo prevalecer.
- Ansiedad para seguir con las tareas que luego promoverán la rectitud, la justicia y el amor, en un mundo que clama por una mejor calidad de vida, pero que no tiene ninguna idea de dónde ir a buscarla.

La investigación consistente revela que la mayoría de las personas quieren hacer una diferencia en el mundo. Por todas sus tendencias egoístas y prácticas que miran solo a ellos mismos, demuestran que quieren que sus vidas tengan sentido para realizar algo de valor duradero. Los medios para ese fin son amar y servir a Dios. Y la avenida más segura para el crecimiento efectivo de esa relación es captar la visión de Dios y vivirla al máximo.

OCHO

Tu ministerio se beneficiará

PUNTOS DESTACADOS DEL CAPÍTULO

La visión produce poder espiritual y emocional.

La visión construye sobre el pasado.

La visión despierta el mayor compromiso de la congregación.

La visión une al pueblo de Dios.

Jacques Plante, un jugador profesional de un equipo de hockey sobre hielo, había salido fuera del campo de juego luego de una actuación bastante pobre. Un molesto reportero llegó para hacerle unas preguntas sobre el juego de esa noche y comenzó con el siguiente comentario: "¿Cómo puede gustarle un trabajo dónde, si comete un error, se enciende una gran luz roja seguida de dieciocho mil personas que lo abuchean?"

Los líderes religiosos a veces pasan por períodos donde se sienten como si estuvieran bajo el mismo tipo de fuerte presión de responsabilidad y juicio. Es cierto que el publico no tiene incorporada una luz roja para destellar en caso de que el servicio sea aburrido o el sermón pobre, pero muchas veces están bajo el mismo tipo de presión que tenía aquel jugador.

Una de las más grandes ventajas de ministrar en respuesta a la visión de Dios, es que gran parte de la presión es quitada de tus hombros. Porque a ti ha sido dada la visión de un futuro mejor por Aquel que es perfecto y busca hacerte exitoso en el ministerio; puedes extenderte con mayor confianza y energía de lo que podría ser posible de otra manera.

Considera la siguiente docena de beneficios que disfrutarás como ministro, en la fuerza de la visión de Dios para tu futuro.

BENEFICIO 1

SOÑAR EN GRANDE

Cuán sofocante puede ser vivir dentro de los límites de la habilidad humana. Cuando confinamos nuestros pensamientos a las limitaciones de lo que es conocido, de lo que hemos experimentado o de lo que podemos imaginar, el campo de juego mental es relativamente pequeño.

Cuando has captado la visión de Dios, una de tus primeras reacciones será "pero eso es ridículo; nosotros nunca podríamos hacerlo". Si persistes, sin embargo, concluyes que realizar eso es lo que Él te pide. A menudo reconocerás que los sueños de Dios son más grandes que los tuyos, y que requieren que extiendas el área de tu campo de juego mental para acomodar la visión de Dios.

Un gran poder puede ser el resultado de soñar en grande. Tal visión implica un método a largo plazo para el ministerio. Muchos líderes padecen tener que volver constantemente a pensar su visión, porque era tan pequeña que la consiguieron rápidamente, o porque era tan insignificante que apenas parecía digna de algún esfuerzo.

La visión de Dios para ti, sin embargo, es grande. La visión de Dios no es algo que puedas lograr en un año o dos. Pocos cristianos con visión han aprendido que una vez que uno abraza su visión, esta perdurará más que uno. Tu labor es abrazarla, enunciarla y asegurar que es llevada a cabo. Tu responsabilidad no es llegar a verla concluida.

Trabaja hacia ese fin, pero no te sientas incompleto si la visión no se logra totalmente durante los días de tu vida. Simplemente si realizas parte de lo que tienes que hacer para que esa visión se vuelva realidad, debe parecerte como una recompensa suficiente.

Soñar en grande, a través de la capacitación de Dios, también es un medio de permitir que la iglesia vea y refleje el poder y la majestad de Dios. Sus deseos son mucho mejores y más significativos que los nuestros, de tal manera que cuando los anunciamos y los apoyamos totalmente, el fortalecimiento espiritual y emocional es increíble. Las personas llegan a estar genuinamente entusiasmadas ante las grandes posibilidades. La magnitud de la tarea es reducida al entender que Él quiere hacerla, e intenta que se realice a través de ti.

BENEFICIO 2

LA CONTINUIDAD

Una dificultad con el proceso estratégico del ministerio en muchas iglesias, es la existencia del efecto "tartamudeo". Es decir, que cuando se carece de una visión significativa, a largo plazo y ordenada por Dios, la iglesia avanza a los tirones, luego rechinan y hacen un alto cada vez que tratan de colocar una meta que busca satisfacer a algunos. Hay poco sentimiento de realización porque no hay vínculos con un tema mayor que cubra todos los esfuerzos del ministerio.

No puedes ser un verdadero líder a menos que seas capaz de trazar el destino que tus seguidores desean

Sin embargo, cuando pones en ejercicio la visión de Dios, el camino es más liso y agradable. La visión de Dios construye sobre el pasado en lugar de ignorarlo. Cuando la visión de Dios está presente, los esfuerzos del pasado son aprovechados, pero cuando hay carencia de visión las experiencias pasadas paralizan la acción.

La visión de Dios se materializa desde lo que ha sido aprendido y se cumple en un fácil fluir, de manera natural. Como es obvio, sabemos que Dios no es alguien que venera a las personas. Sin embargo, también sabemos que Él respeta la realidad de nuestra experiencia sin ser estorbado por ella. Usa esa experiencia para construir un futuro razonable que sirva mejor a sus propósitos. Él nunca está limitado por nuestro pasado, pero siempre es sensible a él y crea un futuro que establece una continuidad para nosotros.

BENEFICIO 3

LA DIRECCIÓN Y EL PROPÓSITO

No puedes ser un verdadero líder a menos que seas capaz de trazar el destino que tus seguidores desean. La visión de Dios te permite no solo identificar el destino, sino también poseer una clara razón por la que deseas ese objetivo.

Un líder, para ser efectivo, debe tener seguidores y la visión de Dios te capacitará para presentar un claro punto de vista de hacia dónde te diriges, de tal manera que inspirará a la gente a la acción. Ahora bien, los seguidores pocas veces se comportan como seres sin razonamiento que acatan directivas sin ni siquiera usar el entendimiento ni efectuarse preguntas sobre las mismas.

Los líderes efectivos son capaces de explicar a la gente no simplemente los objetivos, sino también las razones de por qué desean alcanzar esa meta y qué esfuerzos debe hacer el grupo para llegar a ese punto. La visión de Dios es lo suficientemente profunda como para pintar un retrato mental del camino, del ministerio y del destino de una organización. Cuando la gente está informada con esa claridad, se entusiasma más y alinea los recursos hacia ese propósito de manera eficiente.

BENEFICIO 4

CRECIDO INTERÉS Y COMPROMISO

Algunas entidades a menudo sufren de una ignorancia letárgica. La gente no tiene ningún entusiasmo por involucrarse en el servicio y el resultado es que todo el conjunto carece de energía e impacto. Además, he encontrado que este tipo de iglesias hacen casi un juego del ministerio, y por lo tanto, a cambio de sus esfuerzos no recogen ningún beneficio. La razón es que no siguen la visión de Dios.

Uno de los enormes beneficios de apoyarse en la visión de Dios, es que la iglesia cesa de ser la víctima de las circunstancias. Y comienza a vibrar porque cree que Dios ha dirigido el ministerio para perseguir resultados específicos y los miembros exhiben un interés renovado en el compromiso con el liderazgo.

Al creer que Dios está involucrado en sus esfuerzos, se vuelven trabajadores más agresivos porque crean el futuro que desean, en lugar de esperar a que ocurra aquella situación imaginada. En vez de simplemente reaccionar a las condiciones, la gente empieza a formular su propio ambiente de ministerio, anticipa cambios y sostiene un mundo que los capacita para ser efectivos.

BENEFICIO 5

CAMBIO ACEPTABLE

La consecuencia de una verdadera visión es el cambio. La visión es la antítesis del *statu quo*. Ordena nuevos métodos para nuevos resultados.

La mayoría de las personas, sin embargo, se sienten incomodas cuando vienen los cambios. En consecuencia, una de las características más elementales de la visión –el cambio– causa que la gente sea cautelosa con el proceso y sus consecuencias.

Pero he observado que cuando un líder ordenado por Dios detalla la visión para el pueblo, ese nivel de incomodidad es disipado rápidamente. Puede ser el residuo del miedo a la crítica y la duda acerca de la habilidad para quitarla, o que el impacto definitivo de sus esfuerzos pueda demorarse, pero el grado de intranquilidad con respecto a seguir la visión es grandemente eliminada. El miedo al caos y la ansiedad de abandonar lo conocido es reemplazado por un sentimiento de paz al saber que Dios tiene el control y que ha desarrollado un mejor plan para su pueblo.

Nuestro temor por el cambio es usualmente emocional y no intelectual. Esta es una de las ventajas en la que la visión de Dios es claramente superior a la de los humanos. Cuando la gente se resiste a abrazar una visión para el futuro, que ha sido desarrollada únicamente por el hombre, el liderazgo debe hacer un desgaste emocional muy grande al tratar de que el grupo acepte intelectualmente la visión.

Sin embargo, cuando buscas llevar a cabo la visión de Dios, Él invariablemente trae una calma y unidad a su pueblo que disuelve los miedos y las dudas. Al final, la fe del pueblo en el Señor y el amor de Dios hacia ellos vencen a todas las preocupaciones naturales con respecto a tus incapacidades personales.

BENEFICIO 6

RECHAZO DE OPORTUNIDADES

Al delinear las estrategias y tácticas esenciales para poner la visión en acción, puede levantarse una controversia. El enfrentamiento puede ocurrir. La competencia por el control puede sobrevenir.

En situaciones en las que a un líder escogido por Dios le ha sido confiada una visión, la iglesia es provista con medios sobrenaturales y espirituales para tratar con todas las cosas con sabiduría divina, en vez de ser manipulada o controlada por algún grupo. Las controversias pueden llegar a ser puntos útiles de discusión para clarificar la visión y para energizar a la gente.

De hecho, uno de los más grandes beneficios de la visión es que sirve como un filtro que permite a la gente decirle no a cierta variedad de oportunidades de ministerio. Una de las armas más grandes de Satanás hoy es la de engendrar confusión y disensión dentro de la iglesia, lo que crea un sin fin de necesidades en las personas.

La tendencia natural de un pastor es tratar de ser todo, para todas las personas, y proveer los conocimientos y recursos necesarios para que la gente encuentre las respuestas que buscan cualquiera sea la condición. La realidad, sin embargo, es que la iglesia no puede tener un ministerio efectivo si el abanico es tan amplio que termina por debilitarse y hacer un trabajo mediocre.

La mejor estrategia, la única que corresponde con el fervoroso liderazgo visionario, es la de trabajar enfocados en el número limitado de áreas del ministerio que respondan a la visión que Dios ha dado, y permite a otros grupos dentro del cuerpo usar sus dones únicos y la propia visión para suplir aquellas necesidades que son pertinentes a lo que Dios les ha capacitado.

Es la clara visión impartida por Dios, la que capacita a un líder para rechazar oportunidades de ministerio sin sufrir un sentido de culpabilidad. Verdaderamente, con Jesús como el modelo de liderazgo con visión, nosotros podemos tomar ese ejemplo y liderar con confianza y paz al saber que hacemos lo que se nos ha dicho que hagamos (Marcos 1:36-39).

BENEFICIO 7

FRANQUEZA

Una queja común entre la gente que asiste a una iglesia sin visión, es que el ministerio es predecible y rutinario. El interés en la consideración y exploración de nuevos territorios, es desalentador.

No obstante, en una iglesia en donde se persigue la visión de Dios, lo opuesto es verdadero. Un galardón es puesto sobre las ideas nuevas. No todas aquellas ideas son calurosamente recibidas o adoptadas automáticamente, por supuesto, pero el mensaje dado a la gente es que Dios quiere usarlos en el servicio y que sus ideas cuentan. Nuevos métodos, pensamientos creativos y perspectivas interesantes no solamente son aceptables, sino que son apreciadas como un medio para mantener la visión fresca y viva.

Donde la visión de Dios es evidente, notarás que abunda la idiosincrasia humana. No existe un método "con la misma tijera" para formar discípulos. No puede esperarse que cada uno tenga el mismo parecer, el mismo carácter, interés y estilo de vida. Dios nos ha dado correctamente sus principios en la Palabra, y estos deben servir como pautas dentro de las que crecemos y nos formamos. Solamente esas pautas proveen enorme espacio para la especialidad y la creatividad de cada miembro.

La iglesia que restringe o limita la especialidad de cada integrante, impide que Dios amplíe los dones y distinciones que ha provisto dentro de su pueblo.

En una iglesia conducida por la visión, la gente se goza en la libertad de ser la persona que Dios quiere que sea, pues saben que el Señor intenta usarlos en su favor, a pesar de los defectos, limitaciones y negligencias.

BENEFICIO 8

ÁNIMO

Vivimos en un mundo que cada vez más nos recuerda nuestras limitaciones, lo que crea una sensación de desesperanza y desmoralización. Nuestras familias están en desorden. Nuestra educación es inadecuada. Las relaciones están basadas en el egoísmo. La cultura está fundada en valores vacíos. Nuestra capacidad intelectual está obstaculizada por el uso de menos del diez por ciento de nuestro cerebro. Nuestras habilidades físicas están disminuidas por la ingestión de químicos nocivos. Los problemas del mundo son demasiado grandes como para que una sola persona cause impacto.

La iglesia guiada por la visión de Dios para extenderse, rebosa de confianza

En contraste con todo esto, un ministerio guiado por la visión de Dios, rebosa de confianza. Es una iglesia que sirve al Creador del universo, al Omnipotente gobernante de todas las cosas. Es un equipo que se saborea ante un difícil desafío en lugar de retirarse atemorizado. La verdadera razón es que está deseoso de aceptar el reto porque es una oportunidad inmejorable para proclamar y demostrar el poder de Dios que emerge a través de ellos.

La iglesia construida sobre la visión de Dios, sabe que puede hacer una diferencia en el mundo. Cada individuo dentro de la congregación es llamado para desempeñar un papel crucial que influencia la sociedad para la gloria de Dios, mientras está alineado corporativamente con el resto de los integrantes. Hay una amplia razón para estar entusiasmados.

La iglesia construida sobre la visión de Dios es aquella que tiene expectativas más altas y por eso actúa en un nivel más alto. Es una comunidad no satisfecha con simplemente conseguir que ocurra alguna cosa, porque eso arrojaría resultados que no aumentan el potencial que tienen en Dios.

BENEFICIO 9

CONFIANZA

Cuando las personas se sienten bien con ellas mismas, se desempeñan mejor, tienen una mayor resistencia y menos probabilidades de deprimirse. En las iglesias en donde la visión de Dios es el corazón de los esfuerzos de la gente, esas características son evidentes.

Debido a que la gente se siente comisionada por Dios, se enfrentan a desafíos que normalmente no podrían ni soñar con enfrentar. Su desempeño es generalmente por encima del promedio, porque reconocen que persiguen un llamado superior, y les ha sido concedida la fuerza y los recursos para lograr ese fin.

El orgullo puede contribuir a la caída de una persona. La Biblia contiene muchas historias de personas muy capaces cuyas vidas o liderazgos fueron arruinados por el excesivo orgullo. En individuos que son parte de una comunidad que busca servir a Dios dentro de la visión divina, sin embargo, la autoestima que emana de ellos no es un orgullo egoísta sino una confianza y seguridad de saber que tienen las capacidades y el poder que Dios les ha dado.

Están entusiasmados al pertenecer a la comunidad de creyentes que contribuyen a realizar una obra poderosa. Se sienten privilegiados al conocer y servir a un Dios que los ama lo suficiente como para darles una gran tarea para cumplir y los recursos para alcanzarla. Están felices de ser parte de un mundo en el que sus vidas hacen una diferencia.

BENEFICIO 10

LEALTAD

Por lo general la gente ya no es más leal a los productos, sino que en el momento de la compra comparan el producto que suple mejor sus necesidades con el precio más bajo, la presentación más atractiva y la cantidad deseada.

Tampoco en estos tiempos la gente permanece leal hacia otras personas. Solo con observar el índice de divorcios, la soledad, el creciente número de asilos de ancianos y la frecuencia con que los individuos cambian de empleos, así lo demuestran. El común denominador de hoy es que la gente se usan unos a otros para su propio beneficio personal. Esta lealtad también ha sido trasladada hacia la religión: hay muchos creyentes que se mudan de iglesias o cambian de religión.

Una interesante consecuencia de la visión es que la gente tiene más probabilidades de sentir que verdaderamente son parte de la iglesia

Lo que se ha perdido para la mayoría de la gente es una visión que esté enfocada en la lealtad a las personas. Un interesante resultado en las iglesias guiadas por una visión, es que las personas tienen más probabilidades de sentirse que son parte de la iglesia. Vislumbrar una visión en común, une a la gente de tal forma que de otra manera no podría ser posible.

La visión cambia la atención de las personas, desde los fracasos hacia los éxitos. En lugar de apuntar con el dedo del reproche y de preocuparse del "control dañado", las iglesias conducidas por la visión no entran en pánico ni se desintegran porque saben que finalmente serán victoriosas. Esta fe en el futuro preparado por Dios causa que vean diferencias dentro de la congregación, no como debilidad sino como fuerza, no como algo que divide sino como algo complementario.

BENEFICIO 11

EFICIENCIA

Cuando la visión está en su lugar, está presente un sentido de urgencia en el ministerio. La demora se siente casi como un pecado. Porque nunca sabemos de cuánto tiempo dispondremos para transformar a la gente de nuestra zona de influencia para la gloria de Dios. No podemos darnos el lujo de creer que es posible desarrollar el ministerio en quietud y paz. El tiempo es parte esencial. La visión nos capacita no solo para sentir la urgencia, sino también para sostener la energía necesaria para cumplir con el trabajo eficientemente.

Todavía tengo que encontrar una iglesia que sea tan rica en recursos que puede desperdiciarlos en el ministerio y no sentirse oprimida como resultado. Debido a que el mundo es tan necesitado, podemos esperar una persistente demanda de recursos más tangibles de los que generalmente tenemos disponibles. La visión es un elemento que nos ayuda a disminuir el desperdicio de nuestros preciados recursos.

A menudo, la gente en posiciones de liderazgo intenta discernir la visión a través de un proceso de ensayo y error. Comienzan a probar si posiblemente este método funcionará, de lo contrario probaran con otro. Eventualmente, en el proceso de eliminación se tropieza con una visión que parece realizable. Desdichadamente, a lo largo del camino se consumen enormes cantidades de recursos. La gente está agotada. El dinero es desperdiciado. El tiempo, perdido y la credibilidad está puesta en duda. Obtener la visión de Dios para tu ministerio por el ensayo y el error, es la ruta de viaje menos efectiva y menos eficiente.

BENEFICIO 12

PRODUCTIVIDAD

Cuando has comprendido la visión de Dios y trabajas en pos de ella, probablemente te encontrarás que elevas el nivel de productividad para obtener un mayor beneficio. Cuando cada integrante busca los mismos resultados y todos trabajan en armonía, las oportunidades para una cosecha más grande son multiplicadas.

La visión permite a aquellos que están en el ministerio crear planes, estrategias y tácticas que resultan en ministerios mejor definidos y altamente objetivos. El resultado es un mayor rendimiento por cada inversión.

En la sociedad de hoy, los beneficios son una de las clave para atraer empleados, admiradores y aun amigos. Quizás te disgusta vivir en una sociedad que esta orientada a recibir los beneficios, porque eso tiene sabor a egoísmo. Pero, lamentablemente, es la única sociedad de que dispones.

En realidad, comprender los beneficios de la visión y describirlos para la gente que debe llevarla a cabo, es apropiado. Ver los beneficios de la visión puede ser una poderosa motivación para que los individuos reorganicen sus actividades y sus recursos. En este caso, ¿por qué no hacer un fuerte lanzamiento en defensa de la importancia de perseguir la visión aun si esta incorpora algún énfasis en beneficios personales?

NUEVE

Los asesinos de la visión

PUNTOS DESTACADOS DEL CAPÍTULO

Una de las más populares y devastadoras barreras en contra de la visión verdadera, es la noción de que Dios nunca mandaría a hacer algo diferente de lo que ha hecho.

La visión reemplaza al miedo con energía y esperanza.

La cultura cristiana y el ministerio son acribillados con perjudiciales estereotipos.

La complacencia es el matafuego de la pasión de la visión.

Como líder, tienes la responsabilidad de vencer a los que impiden la visión de Dios.

Mientras buscas comprender la visión que Dios ha diseñado para tu ministerio, te enfrentarás con la terca oposición de Satanás. Pero el aferrarte a esa visión pondrá otro clavo en el ataúd del enemigo; él hará todo lo posible para impedirte que te empapes de la visión de Dios.

Aunque probablemente el mayor obstáculo que enfrentarás en el proceso tenga poco que ver con Satanás o sus fuerzas demoníacas. A veces, nosotros le damos más crédito al diablo de lo que él se merece. En muchos casos en lugar de reprochar al diablo, debemos más bien mirar en el espejo para encontrar al verdadero culpable.

Un pastor debe pensar estratégicamente si desea oponerse a los asesinos de la visión

Al examinar el proceso de captar y difundir la visión en muchas organizaciones, he notado que emerge duramente un grupo de elementos que estorban la visión. Estos son creencias, suposiciones, prácticas y emociones que se levantan para impedir que la visión florezca o sea aceptada ampliamente. Si identificas estas barreras contrarias a la visión, tal vez puedas evitar la rapiña que arremete con efecto debilitante sobre tu liderazgo.

Un pastor debe pensar estratégicamente si desea oponerse a los asesinos de la visión. Debe reconocer los obstáculos que encontrará y luego desarrollar una estrategia para vencerlos.

Ten presente, por ejemplo, que al menos una parte de la congregación dirá: "Pero nosotros nunca lo hemos hecho en esa forma". Una estrategia para oponerse sería, primero mostrar cómo la iglesia se acomodará al cambio y, segundo, los resultados favorables que se obtendrán por haberse embarcado en el cambio. Prepárate para mostrar que mientras ninguna otra iglesia en la zona “nunca lo ha hecho en esa forma”, el cambio propuesto nos “da una oportunidad de alcanzar a las personas que otros nunca han alcanzado”.

La mayoría de los líderes descubren que empiezan a pensar estratégicamente cuando trabajan a través del proceso de realizar la visión. Cuando están enfocados en una nueva iglesia, para alcanzar a aquellos que tienen necesidades pero que nunca concurren a una iglesia, ni siquiera tienen interés en una, entonces se enfocan en la acción estratégica para obtener resultados.

Cuándo los necesitados visitaron la iglesia, los miembros sabían que los visitantes estaban pensando: “¿Qué va hacer usted por mí?” Debido a que los nuevos son parte vital de la visión, los miembros de la congregación necesitaban contestar con una respuesta que logre “algo que impacte la vida del no cristiano”.

En ese punto, el pastor sabe que necesita enseñar a la congregación cómo construir relaciones con las personas de fuera de la iglesia, cuáles son los gustos, qué piensan, qué hacen con su tiempo libre, qué opinan de la Biblia, por qué no asisten a la iglesia. Entonces, los miembros han sido capacitados para responder cada pregunta y saber cómo reaccionar en cada oportunidad frente a los no creyentes.

El desafío del pastor es: ¿cómo voy a conseguir cristianos que siempre han estado en iglesias, que se animen a juntarse con los no cristianos y rompan los hábitos religiosos desarrollados durante toda la vida? La respuesta a esa pregunta es lo que hace que la perspectiva estratégica sea tan importante.

LA TRADICIÓN

Una de las más populares y devastadoras barreras en contra de la visión verdadera, es la noción de que Dios nunca te haría cambiar lo que siempre has hecho. Esto normalmente se expresa a través de frases tales como “pero nosotros nunca antes lo hemos hecho de esa manera”.

En realidad, Dios usa las tradiciones en el ministerio para dar a la gente una imagen de consistencia y estabilidad. Las tradiciones forman un cimiento sobre el que Él construye el futuro. También pueden servir como un puente entre el pasado y el futuro, y permite a las personas mantenerse cómodas mientras se enfocan en Dios.

Pero el Señor no usa las tradiciones que bloquean el progreso. Bendice a aquellas que edifican a su pueblo, no porque son tradiciones, sino porque sirven a sus propósitos. De hecho, Él tiende a reformarlas y para ello las mueve en nuevas direcciones. Las actualiza con una expresión más relevante y contemporánea, deja la esencia valiosa. Pero la preocupación primaria de Dios no está con el estilo o formato de la tradición; su interés está en la habilidad de atraer a las personas más cerca de Él.

La tradición generalmente es un reflejo del pasado. La visión siempre es un reflejo del futuro. ¿Hay alguna posibilidad de unir a los dos? ¡Sí! Porque Él es el que creó y reinó sobre del pasado y puede usar la historia a favor de ti. Dios no tiene ningún propósito para borrar toda la memoria del pasado y negar su valor o poder. En cambio, es probable que continúe moviéndote en una dirección que te ayuda a madurar. La madurez significa crecer más allá de tu pasado; Dios lo usa para mejorar tu futuro.

En tu ministerio, reconoce tu pasado por lo que ha sido. Reconoce las tradiciones y los modelos que te permitieron impactar las vidas de las personas para la gloria de Dios. Úsalos como pasos de piedra, mientras construyes tu ministerio para un máximo impacto. Determina cómo puedes honrar tu pasado al incorporar las experiencias en tu futuro.

EL TEMOR

Alcanzar y llevar a cabo la visión de Dios puede ser una perspectiva aterradora. Como he mencionado antes, la visión lleva implícita el cambio. El cambio significa la ruptura de una zona de comodidad, hacer cosas nuevas u operar en áreas en las que nadie se ha animado a dejar sus huellas. El cambio puede ser terrorífico. Moverse en otras direcciones o intentar nuevos métodos de ministerio, tiene sus riesgos. El riesgo levanta la posibilidad de fallar, ninguno de nosotros queremos fallar, especialmente en el ministerio.

A veces nos vence el miedo porque hemos fallado en el pasado, y no nos atrevemos a volver a intentar el triunfo otra vez

A veces nos vence el miedo porque hemos fallado en el pasado, y no nos atrevemos a volver a intentar el triunfo otra vez. A veces nos apoyamos en nuestros fracasos pasados o en nuestro sentido de limitación. En lugar de definir la derrota como la repetición del mismo error, o no querer correr un nuevo riesgo, pensamos en eso y como que fallamos en alcanzar nuestras metas. Entonces permitimos que el miedo al fracaso limite nuestro universo de oportunidades, aún las más seguras. Si nos enfocamos en nuestros fracasos, perdemos nuestro potencial.

También experimentamos el miedo en situaciones que no podemos controlar completamente. Unos pocos cristianos, líderes o no, llegan a un punto donde sueltan totalmente las riendas de su vida y permiten a Dios gobernar cada momento de cada día. A menudo carecemos de la fe del tamaño de una semilla de mostaza. En su lugar, afirmamos nuestra autoridad sobre nuestro destino. En consecuencia, estamos paralizados por el miedo, limitados en nuestra habilidad para forjar nuevos senderos para la gloria de Dios.

La visión reemplaza al miedo con energía y esperanza. Disuelve la incredulidad y la sustituye con paz y convicción. La visión levanta preguntas, pero no dudas continuas.

Si estás asediado por el miedo al futuro o temes sobre la visión que Dios te ha confiado, reconoce el porqué del temor: la falta de fe en la habilidad de Dios para trabajar a través de ti. Ora en medio del temor, entrégale a Él el control de tu ministerio. Cree que Dios puede hacer lo que desea hacer.

LOS ESTEREOTIPOS

Un estereotipo es un prejuicio popular acerca de las personas o condiciones. La cultura está saturada de estereotipos. La cultura cristiana y el ministerio también están flagelados por ideas gastadas.

Recientemente he encontrado docenas de estereotipos en iglesias, a las que probé y encontré que eran falsos. Una iglesia en Arizona persistía con la música del órgano tradicional los domingos porque sus miembros eran gente mayor. Fue descubierto, sin embargo, que los miembros estaban cansados con ese estilo de música y deseaban algo "un poco más moderno y animado".

Un pastor en Alabama dijo confidencialmente que su iglesia estaba perturbada por el papel de las mujeres y cómo el viejo prejuicio con respecto a sus habilidades y dones les impedían servir de acuerdo con la Biblia. Los estereotipos que consideran las características raciales y étnicas, versiones de la Biblia, estilos de predicar, la capacidad educativa de ciertas escuelas, la aceptación de estilos de música y muchos otros elementos, han causado división e injusticia dentro de la iglesia y nos ha impedido penetrar al mundo más allá de las paredes del santuario.

A veces se usan los estereotipos como un atajo hacia la verdad. Sin embargo, tales atajos no existen. En contraste, la visión de Dios para tu ministerio está fundada en la verdad. Ello requiere de que te veas a ti mismo y al mundo de una manera real, y que además respondas de manera realista. Los estereotipos guían a malas decisiones. La visión de Dios guía a sabias decisiones siempre que hayas limpiado tu mente y corazón de percepciones erróneas que se reflejan en los estereotipos.

LA COMPLACENCIA

A veces fallamos al no actuar con la fuerza y la pasión necesaria, porque somos ignorantes o complacientes. "No importa lo que nosotros hagamos. Dios bendecirá nuestros esfuerzos." Esta declaración es una receta para un ministerio a medias. A Dios sí le importa lo que hacemos. Si así no fuera no le habría dado sueños y mensajes a los profetas. De hecho, no hubiera provisto profetas. Si Él no nos cuidara, no nos pediría que buscáramos su guía y pidiéramos su bendición. Si no le interesara, no habría permitido que ciertos pasajes de la Biblia llegaran a ser parte del canon (por ejemplo Josué 2:14-17;

Lucas 14:28-32; Apocalipsis 3:15-18).

La pasión de Dios por la humanidad es evidente en la historia de Jesucristo. La pasión de los líderes visionarios como Pablo y David es evidente en sus obras. La complacencia extingue el fuego de esa pasión. Una vez que la pasión se ha extinguido, somos de muy poco valor en la lucha feroz entre los poderes de la luz y la oscuridad. Aquellos que reflejan complacencia e ignorancia serán las próximas víctimas en el campo de batalla espiritual.

Cuando evalúes tu búsqueda de la visión de Dios, pon a prueba tu grado de pasión. ¿Estás listo a darle todo lo que tienes? ¿Te morirías con tal de ver esa visión hecha realidad? ¿Te preocupas lo suficiente con respecto a tu relación con Dios y por el despliegue de la visión que te ha dado hasta arriesgarlo todo? ¿Está tan dormida tu iglesia que las perspectivas para cumplir la visión son escasas? Si tomas en serio servir a Dios en plenitud, identifica aquellas personas cuyos corazones son tibios, y evita que sean un obstáculo en el proceso.

LA FATIGA

El ministerio no es fácil. Incluso los más grandes guerreros espirituales necesitan tiempos de descanso. Jesús tomó tiempo para estar a solas. Si tienes dificultades para generar entusiasmo acerca de la visión, o problemas para alcanzarla, verifica si no estás agotado. La visión requiere de un enorme grado de fe y energía. No tiene ningún sentido buscar la visión cuando estás exhausto. Tu inclinación natural será resistir a las perspectivas que te exigen derribar las barreras conocidas y volver a definir las próximas. La fatiga limitará tu visión e influencia.

Como un líder que trata de resolver asuntos de importancia universal y eterna, debes estar descansado antes de empezar el viaje

También soy testigo de casos en donde una congregación ha rechazado la visión de Dios, porque como una entidad, estaba demasiado gastada por las recientes batallas y victorias como para considerar la posibilidad de escalar las nuevas montañas espirituales. Es el líder sabio el que prepara el cuerpo de la iglesia para escuchar y abrazar esa visión, y persuadirlo a descansar para la próxima etapa del viaje.

Como un líder que trata de resolver asuntos de importancia universal y eterna, también debes estar bien descansado antes de embarcarte en la búsqueda de la visión. Prepárete para el desafío, recarga tus baterías mentales, emocionales y espirituales. Cuando tengas energía para el desafío, avanza.

EL PENSAMIENTO A CORTO PLAZO

Hoy los líderes están mucho más interesados en invertir recursos para lograr beneficios a corto plazo. Lo trágico es que esto no deja nada previsto para un trabajo a largo plazo. Seguir tal rumbo nos roba un futuro satisfactorio al estar interesados en la gratificación inmediata. Agotamos el pasado para disfrutar del presente a expensas del futuro.

Sin embargo, la verdad es que la visión de Dios para el ministerio es por naturaleza a largo plazo. La visión de Dios puede bien perdurar más que el visionario. Las metas de Dios son eternas, no temporales. Su conocimiento y sus recursos son ilimitados, nos capacitan para seguir una visión de la que Él será responsable hasta el fin.

Dios mide el tiempo en forma diferente a como lo hacemos nosotros. Él no está presionado por el tiempo, ha creado un período para cada cosa buena y conoce el ritmo apropiado para la vida. Su medida de tiempo es perfecta. Debemos seguir la visión en armonía con su tiempo. En lugar de buscar resultados rápidos y beneficios tangibles a corto plazo, mucho mejor es soñar el sueño grande y ser parte de la transformación fundamental de las personas y aún de culturas enteras. La visión de Dios puede llevarte a tales grandiosas actividades. Define tus medidas de éxito en el ministerio de tal manera que respondas al tiempo de Dios y no del mundo.

Al fin y al cabo, eres la única persona que puede limitar tu habilidad de soñar en grande con Dios. Como líder, tienes la responsabilidad de reconocer y vencer a aquello que impide la visión de Dios. Si seriamente te comprometes a captar la visión de Dios para tu liderazgo, observa las trampas ocultas y las zonas de peligro que deben ser evitadas. Evita que el corto plazo sea un obstáculo que te saque fuera de la acción.

DIEZ

La expresión clara de la visión

PUNTOS DESTACADOS DEL CAPÍTULO

El crecimiento es más probable en iglesias donde hay una clara, positiva y productiva comunicación con regularidad.

La visión debe poseerse.

La visión debe ser explicada con claridad a todos los asociados.

Las declaraciones de la visión son muy importantes; deben estar enfocadas y deben ser concisas.

Durante la última década he tenido la oportunidad de trabajar con algunas de las corporaciones principales, estudiar sus planes, estrategias y métodos de aplicación. Han surgido ciertos modelos que relacionan la habilidad de esas compañías para alcanzar sus metas.

Uno de los modelos más firmes tiene que ver con la habilidad de comunicar con efectividad. Es decir, cuando las organizaciones tienen eficientes, claros y confiables medios de comunicación, tienden a ser exitosas; aquellas cuyas líneas de comunicación son subdesarrolladas, imprecisas o de otra manera restringidas, tienen más probabilidades de experimentar el estancamiento o la decadencia.

Las iglesias no son diferentes. En donde la comunicación es clara, substantiva y productiva, el crecimiento es más probable que en donde la comunicación eficiente es un asunto casual.

La expresión clara de la visión es uno de los tipos más importantes de comunicación. De muy poco vale tener una visión verdadera, a menos que pueda comunicarse con claridad y firmeza.

Mientras trabajes a través del proceso de realizar la visión, comprende que una vez que has captado la visión de Dios, debes desarrollarla para dos audiencias: para ti mismo y para las personas con las que las llevarás a cabo. Mientras que la visión en sí es igual, la profundidad y la manera que la describes será diferente en cada uno de esos casos.

TU COMPRENSIÓN DE LA VISIÓN

Aquí no hay ningún dilema al respecto. Claramente, debes entender la visión en toda su dimensión, antes de que puedas describirla para otros. Tú eres el auditorio inicial de la visión, Dios la confía primero a ti.

Cuando yo era joven, jugaba al fútbol. Generalmente lo hacía de extremo: mi principal tarea era correr por el campo y eludir a los defensores de tal manera que pudiera tomar un pase de un compañero. Al estudiar los movimientos y habilidades de los receptores profesionales, noté una cualidad importante: la razón más común cuando se perdía un pase bien ejecutado, era por apartar la vista del balón antes de que fuera recibido. En su prisa para ganar tanto terreno como sea posible, el receptor comenzaba a correr antes de tener la completa posesión de la pelota.

La visión debe poseerse

Con la visión pasa lo mismo. Debes tomarte el tiempo para entender todas las dimensiones de la visión, antes de que puedas ponerla en práctica y motivar a otros a adoptarla y correr con ella.

Tu visión personal probablemente tenga un aspecto central de la visión de la iglesia, y otros diseñados exclusivamente para ti

Tu meta personal debe ser clarificar la visión en todo sus detalles, afirmarla bien en tu mente y corazón, que se vuelva parte de tu persona y prepararte para usarla como tu tamiz, para responder a todas las situaciones que enfrentes.

Un conflicto potencial a resolver involucra el diferenciar la visión para tu ministerio personal de la visión para el ministerio en la congregación. He encontrado pastores y líderes de la iglesia que estaban seguros de que habían captado la visión de Dios para el ministerio de la congregación, pero sentían que la visión para su ministerio personal era paralela con la de la iglesia. De esta manera, mientras ejemplificaban con claridad la visión en sus actividades ministeriales, como maestros, líderes o pastores del rebaño, también sentían que eran llamados a específicas tareas personales diferentes a la dirección que la iglesia había tomado.

Por ejemplo, un joven pastor lideraba una iglesia cuyo ministerio era evangelizar a jóvenes que habían dejado la iglesia. La congregación crecía cada mes con los nuevos, los que se sentían estimulados por la música, la enseñanza y las relaciones sociales. Sin embargo, los sábados por la mañana el pastor no jugaba al béisbol con ellos. Él se iba a ministrar a ancianos en una clínica de reposo en un pueblo vecino. No sabía cómo explicar la evidente contradicción en su enfoque. Su mejor explicación era que Dios quería que fuera sensible a todos los tipos de personas, y de esta manera lo impulsaba a comunicarse con los más adultos, aun en medio del trabajo de construir un ministerio creciente con jóvenes.

Comprende que la visión de Dios para ti probablemente incorpore un aspecto central de la visión de la iglesia, además de algunas áreas periféricas que son diseñadas solamente para ti. Tú no eres la iglesia entera, solo parte de ella. Eres llamado a invertir tus mejores esfuerzos en su obra. Pero también eres parte del cuerpo más grande de Cristo que es la Iglesia toda. Como tal, tienes responsabilidades de usar tus dones y oportunidades para reflejar el amor de Dios, su gracia y su poder, quizás de maneras que no tengan relación con el funcionamiento central de tu congregación.

PON LA VISIÓN EN UN PAPEL

Te beneficiarás si escribes la visión para el ministerio de la iglesia de la manera más detallada que sea posible. Quizás esa declaración nunca será vista de ese modo por otro que no seas tú. Al documentar tus pensamientos en detalle, puedes volver periódicamente a la declaración para repasar si estás en la ruta, determinar si se han pasado por alto las dimensiones o matices de la visión, recordar el poder y la profundidad de la visión y ser fortalecido nuevamente por volver a mirar el sueño que Dios te había dado para que realices.

Vuelve a tu declaración extensa de la visión, en los tiempos en que planificas el futuro de la obra. La visión es útil solo si es llevada a cabo; la aplicación es más efectiva cuando las cosas se planean, y las estrategias para la aplicación se piensan y se llevan a cabo minuciosamente. La visión es el centro de mesa de la estrategia; la estrategia es el medio para el desarrollo efectivo de la iglesia; el desarrollo efectivo de la iglesia es el medio para transformar el mundo con el amor de Dios.

Al enunciar la visión a la gente, reconozca que esta debe ser presentada dentro de un contexto significativo

Asegúrate de que cuando están concibiéndose decisiones estratégicas y planes, la visión es el corazón de la discusión. Como el líder designado por Dios, eres el protector de la visión y debes ser responsable de comprobar que todas las decisiones estratégicas y tácticas reflejen la visión con precisión.

AYUDA A LA IGLESIA A ENTENDER LA VISIÓN

Cuando tu comprensión de la visión está en su lugar, los colegas en la iglesia también deben captar el panorama. Así como a Moisés le fue confiada la difusión de la información de las tablas de la Ley, es tu responsabilidad ayudar a las personas a entender y absorber los conocimientos que son parte de la visión para la iglesia.

Al explicar la visión, ten presente que debe ser presentada dentro de un contexto significativo. La visión debe ser vista como la dirección provista por Dios y la estructura estratégica para el ministerio. No es simplemente una declaración de buenas ideas que podría funcionar si somos bendecidos. Es una orden que debemos obedecer, orar por la bendición de Dios y utilizar toda la energía y los recursos a nuestra disposición. La visión de Dios es un conjunto de órdenes de marcha las que debemos obedecer.

Explíquela con claridad a cada uno

Con ese fin, desarrolla un documento público que bosqueje los elementos importantes de la visión para el ministerio de la iglesia. Ese documento será distinto del que has preparado para ti. La diferencia es análoga al guión recibido por un actor y el que poseer el director de una película. El guión del actor contiene la información vital que él necesita: las líneas, los movimientos importantes, los lugares específicos. Sin embargo, el del director tiene todos los detalles, cada ángulo de la cámara, las notas sobre la iluminación y lo que cada actor debe hacer. El corazón del contenido es el mismo, pero los elementos en el perímetro difieren de acuerdo a las necesidades y el papel de cada uno.

Cuando la visión de Dios se declara a la gente, asegúrate de que entiendan que no es simplemente una serie de hechos que ocurrirán en el ambiente de la congregación, sino que está diseñada para que la pongan en práctica en cada momento del día y de la noche, en cualquier circunstancia en que se encuentren. Ayuda a tu gente a entender las extensas implicaciones de la visión para sus vidas, explícales cómo podrían captar la totalidad y comunicarla a otros.

SÉ BREVE

No te engañes, las personas no recuerdan grandes cantidades de información. Si les das un informe de diez páginas para leer, retendrán unos pocos hechos que han encontrado importantes. Dales un libro y recordarán relativamente un poco más allá de los cuadros mentales y un puñado de puntos clave. La capacidad para recordar información es menos extensa de lo que nos gustaría.

Como dijo Robert Greenleaf una vez: “Muchos intentos para comunicar se anulan por decir demasiado”. Las palabras del zar de la publicidad, Al Ries, confirman la idea: “Nos hemos convertido en la primera sociedad del mundo con exceso de comunicación. Cada año enviamos más información y recibimos menos”.

Un párrafo será suficiente

Dada esa realidad, no intentes articular la visión en un largo escrito. La mayoría de las personas no lo leerá. Aquellos que lo hagan se olvidarán en unas pocas horas de la mayoría de lo que leyeron. El principio de ser breve y sencillo funciona muy bien al explicar la visión. Puedes darle a la gente todos los detalles, pero solo cuando explicas oralmente el funcionamiento completo. Al proveer el documento que usarán como enfoque de la visión, limítalo a un párrafo corto.

Muchos líderes se oponen a esta práctica "de síntesis" y arguyen que la visión de Dios no puede limitarse en dos o tres frases

Muchos líderes se oponen a esta práctica "de síntesis" y arguyen que la visión de Dios no puede limitarse en dos o tres frases. En mi experiencia he visto que cuando una iglesia adopta un documento extenso, trae problemas. Más importante aun, he descubierto que los líderes que no pueden captar la esencia de la visión en tres frases, probablemente no la tienen clara en sus propias mentes como para que sea una visión realizable.

Vuelve a los fundamentos

Cuando reduces la visión en unas pocas frases, has quitado todo excepto el corazón del asunto. Y eso es precisamente lo que las personas necesitan tener presente, no los detalles ni los límites exteriores, sino el núcleo del sueño que Dios ha dado a la iglesia. Para que la visión sea efectiva, es decir, que actúe como un filtro, estimule el entusiasmo, motive al compromiso y mantenga el enfoque del ministerio, debe ser simple, lo suficiente como para ser recordada y muy específica para que dé dirección. Es una necesidad que la gente se la apropie. Las personas deben sentir que ellos pueden involucrarse y hacerla personal.

Los siguientes son elementos críticos para incorporar en la declaración de la visión. Identificá a qué tipo de personas has sido llamado a servir: una cierta edad, un tipo de personalidad, un segmento de la sociedad con ciertas costumbres, un área geográfica. Aclara el propósito de tus esfuerzos para alcanzar a esas personas: preséntales a Cristo sin intimidaciones, para hacer volver a los cristianos apartados de la iglesia, para adoctrinar a creyentes, construir un centro de creyentes con conciencia social para tratar problemas actuales, y así sucesivamente. (Recuerda: tu meta es enfocar, así que no repitas los objetivos identificados en tu declaración de la misión.) Indica las cualidades que hace que tu iglesia sea distinta de otras en la zona: el tipo de público, el formato del ministerio o algún otro punto de diferenciación.

Generalmente, he encontrado que las iglesias hacen lo mejor cuando captan estos puntos importantes en no más de cinco o seis ideas cruciales.

CREAR LA DECLARACIÓN DE LA VISIÓN

¿Cómo creas una declaración de la visión que sea corta, simple, memorable y que todavía dirija efectivamente la senda? Aquí hay algunos principios que aprendí al estudiar cómo otras iglesias lo han hecho.

Los conceptos aceptables

Diseña una declaración que tenga sentido para todos: los que no son cristianos, los que son nuevos, los que han crecido, los activos, los fríos y los que integran el personal de la iglesia. Debido a que la visión define los esfuerzos de la iglesia, debe ser una declaración que sea aceptada por los que consideran establecer una relación a largo plazo con la congregación. Como debe ser motivadora, debe atraer a todos los que Dios verdaderamente desea que sean parte de esa congregación. Debido a que debe guiar al entusiasmo y a tomar mejores decisiones, debe enfocarse en lo positivo mientras tácitamente indica los límites, más allá de los cuales la iglesia no se moverá.

El idioma real

Debido a que la visión involucra un futuro mejor, ese futuro toma forma en las mentes de las personas cuando se pinta un cuadro atractivo del porvenir. Usa palabras que sean activas, que exijan y atraigan. El tono debe ser optimista. La tarea debe parecer razonable. Inspira a las personas a través de las responsabilidades, los desafíos y los métodos presentados en la declaración.

Un problema con la mayoría de los eslogan es que reflejan la misión en lugar de la visión

Poco se gana si usamos términos que a la gente le cuesta entender. Los términos teológicos y los que requieren algún tipo de preparación o conocimiento especializado, arruinan la comprensión de la declaración. Usa palabras cortas, conceptos bien definidos, explícales cuáles serán los resultados. Debido a que estás limitado a solo dos o tres frases, no intentes extenderte, no escribas párrafos largos.

ARCHIVA LOS LEMAS

Probablemente has visto muchas iglesias que creen que han captado la visión a través del uso de un eslogan pegadizo.

"Para ganar al perdido cueste lo que costare."
"Mil más para el 2003."
"Una iglesia de adoración, evangelización, edificación y oración."
"Evangelice, edifique y comisione."
"Entrenando a los obreros para la cosecha."

Un problema con la mayoría de los eslóganes que supuestamente comunican la visión, es que no la comunican. La mayoría simplemente reflejan la misión de la iglesia.

Simplificación no trivialidad

Otro problema serio es que los eslóganes frecuentemente restan importancia en lugar de simplificar la visión. Es fácil perder de vista la importancia de la causa cuando se encadenan algunas palabras elegantes. Los eslóganes triviales son memorables, pero no eficaces.

Usar un eslogan o una línea del tema para promover la visión, es un método absolutamente aceptable mientras que la visión no se desvirtúe en el proceso. Los anunciantes pagan mucho dinero a las agencias para desarrollar memorables consignas que se fijen en la mente de los consumidores, no porque quieran repartir sus ganancias, sino porque crear un eslogan funcional, influyente y esencial no es un procedimiento sencillo. Y muchos anunciantes han aprendido por la dura experiencia que un lema malo puede dañar el producto. De igual manera, una iglesia puede lastimarse al reducir su declaración más importante acerca del ministerio futuro, a un grupo de palabras dulces y genéricas.

ONCE

El efecto "información paulatina"

PUNTOS DESTACADOS DEL CAPÍTULO

Para que la visión sea efectiva, debe hablarse de ella en todas partes.

Presenta la visión a través del contenido y tema del sermón, en cada comunicación escrita y a todos los grupos.

Emplea a varias personas para ayudar a moldear la visión.

La visión se difunde a través del proceso de "información paulatina".

Mi introducción a la investigación y el marketing fue en el campo político. Después de servir por varios años como gerente de campaña para individuos que se postulaban para cargos públicos, volví a la universidad para graduarme en ciencias políticas. Durante ese período estaba intrigado por qué la gente se divertía en criticar al presidente. Todos parecían tener una opinión acerca de lo bien que el presidente hacía su trabajo. Estudiar esas opiniones, como lo habíamos hecho en alguna de nuestras investigaciones, puede llevar hacia algunos descubrimientos humorísticos, aterradores o alentadores; depende de las opiniones que son examinadas.

Jimmy Carter como presidente fue fascinante. Generalmente se lo vio como una buena persona, pero como un líder improductivo. Yo creo que parte de su dificultad mientras ocupó el cargo fue que tenía para su país una visión que nunca se explicó claramente. Aunque los expertos dijeron al principio que la probabilidad de ganar era de uno a mil, estaba muy motivado para presentarse como candidato por su visión interna de lo que pretendía para la nación.

Desgraciadamente, esa visión nunca la desarrolló, explicó y nutrió de tal manera que sus colegas en el gobierno y el pueblo que lo eligió, la comprendieran y la llevaran a cabo. Esa visión nunca se extendió más allá de su despacho en la Casa Blanca.

Hay frustración en una iglesia que está ansiosa de seguir a su líder pero que no tiene ninguna idea en qué dirección apunta. Es especialmente desalentador visitar una iglesia en donde el líder tiene la visión de Dios para el ministerio, pero simplemente ha pasado por alto un paso crucial en el proceso: difundir la visión para que la congregación pueda poseerla y ser llevada a cabo.

IRRADIA LA VISIÓN

La visión es para darla a conocer. Eso solo ocurre cuando es clara y está a disposición de todos. ¿Pero cómo hace un líder de la iglesia para que la visión esté disponible y accesible para la gente de la iglesia?

Una de las decisiones más importantes para el líder es cómo "lanzar" la visión. Los líderes que han sido más exitosos sostienen que para dar a conocer la visión, deben aprovecharse todas las oportunidades, en todo momento.

Sin embargo, la comunicación debe empezar por el principio. No sorprenda a la congregación al anunciar: "He estado preocupado durante algún tiempo porque hemos sido una congregación sin visión, y por lo tanto he preparado una declaración de una visión para que la sigamos".

Cuando empiezas a buscar a Dios para captar tu visión, permite a tu congregación que sepa que luchas con Dios para saber lo que Él realmente quiere para la congregación. Eso causa una sensación de entusiasmo en el núcleo de la congregación; ellos dicen algo así: "Estamos poniéndonos en sintonía con Dios. Cuando el pastor haya alcanzado la visión con claridad, vamos a tener nuestro trabajo definido que hará un gran impacto en nuestra comunidad".

Estratégicamente, es útil informar a la congregación que el proceso está en marcha. Como pastor, invita al apoyo de cada miembro, solicita sus ideas y oraciones. Causa una sensación de apoyo y solidaridad: "Somos un equipo, fui elegido capitán, pero no puedo hacerlo sin ayuda". Use todos los medios de comunicación disponibles en la iglesia para comunicar la visión.

Los sermones

El contenido de los sermones, por ejemplo, debe reflejar la sustancia de la visión. La enseñanza debe capacitar a las personas para entender cómo la visión puede arraigarse en sus pensamientos y actividades, y ver cómo se planeó la visión en las vidas de los personajes bíblicos. Ten presente que algunos pastores con visión evalúan si el tema del sermón encaja dentro de la visión para la iglesia.

Los materiales impresos

La mayoría de las iglesias tienen un boletín o un programa impreso que se entrega en los servicios; puede ser una hoja informativa semanal o mensual. Estas son oportunidades ideales para desplegar la visión, para que las personas tengan una constante y tangible exposición del contenido. También otros materiales impresos, como el informe anual o la información de bienvenida del visitante, deben incorporar esa declaración.

Las cartas

Los pastores a menudo envían cartas a la congregación. ¡Qué oportunidad maravillosa de llamar la atención de las personas hacia la visión! También considera incluir la declaración de la visión en el membrete de la iglesia.

La enseñanza

Los líderes visionarios animan a todo el que enseña en nombre de la iglesia, en la escuela dominical, en las células, en retiros de liderazgo, a incorporar la comprensión y la declaración de la visión en su enseñanza. Tampoco descuides la clase de los miembros nuevos. ¿Qué mejor tiempo para introducir la visión y sus implicaciones al estilo de vida que cuando un individuo evalúa una iglesia o hace un compromiso con la congregación?

Las reuniones

Muchas iglesias incluyen la oración en todas sus reuniones. ¿Por qué no mencionar y orar por el desarrollo de la visión? Las iglesias efectivas generalmente encuentran que su proceso en la toma de decisiones es más eficiente y efectivo cuando la visión se usa como un filtro a través del que se toman las decisiones importantes.

Los lanzadores de visiones múltiples

Los esfuerzos de los visionarios efectivos de la iglesia demuestran la imperiosa necesidad de tener mucha gente que moldee la visión. La persona decisiva es generalmente el pastor principal, el que debe comunicar de manera estable y defender firmemente la visión. Pero si el pastor es el único individuo que promueve la visión, la iglesia no llegará a ser una entidad impulsada por una visión.

La presencia de mucha gente que le da forma a la visión, indica que hay consenso y se trata de que varios se involucren para llevarla a cabo. Gran número de teorías de publicidad enseñan que el mensaje tiene más probabilidades de penetrar a la mente de un cliente potencial a través de la exposición repetida. También los fieles deben tener interacciones múltiples con la visión.

LA PUESTA EN PRÁCTICA DE LA VISIÓN

Ten presente que la visión opera sobre el proceso de la información dada paulatinamente. Inicialmente el líder toma la visión y la da a conocer con el personal de la iglesia. Cuando ellos la entienden y la abrazan, la explican a los otros líderes, que son los encargados de trasmitirla al resto de la gente. En esa etapa, la visión ha sido vertida gradualmente a través de toda la estructura del cuerpo. De hecho, en el tiempo en que la visión ha sido lanzada con libertad entre la congregación, es probable que escuchen que la visión es enunciada de muchas formas por mucha gente que ha decidido tomar esa visión como su llamado a un ministerio corporativo.

La perspectiva estratégica

La aplicación de la visión en todos los esfuerzos originados en la iglesia, debe comenzar con las perspectivas estratégicas de la iglesia. La visión es crucial para el planeamiento estratégico eficaz y su puesta en práctica. Las tácticas ministeriales utilizadas deben reflejar plenamente la visión.

En el proceso de promoción de la iglesia y sus ministerios, la visión debe estar presente. Es alrededor de ella que deben hacerse todos los planes. Los individuos que buscan traer técnicas de mercadeo al ministerio sin una sensibilidad hacia las realidades de la visión, hacen un gran daño a la iglesia.

Cuando se ha adoptado un plan estratégico, el papel de la visión sirve para que todo sea enfocado en cada decisión importante. Al examinar todas las decisiones y oportunidades a la luz de la visión, la iglesia puede asegurar que la calidad y la dirección en todos los esfuerzos del ministerio son consistentes con aquello que la visión demanda. A menudo, las iglesias basan decisiones importantes en la emoción, en la conveniencia o en los recursos disponibles. Cuando la visión es el corazón en la toma de decisiones y evaluación, es menos probable que se derroche energía en esfuerzos desenfocados.

Una norma incorporada

En realidad, la visión también es difundida más eficazmente cuando no es una simple declaración de un resultado que se desea, sino que está integrada en el interior del equipo del liderazgo. Por ejemplo, un medio para saber si la visión está integrada en toda la gente es usarla como base para evaluar el éxito de los programas. En lugar de usar números como medida de éxito, la visión provee la vara con que se mide la marcha y el alcance del ministerio.

Debido a que cada iglesia tiene un método único para crear sus programas e involucrar a la gente, se dispone de muchas maneras para introducir la visión a la congregación. Pero hay algo que no deja lugar a dudas: mientras más clara, compartida e integrada a los esfuerzos diarios de toda la congregación sea la visión, hay más probabilidades de que el ministerio crezca y se logren las metas.

DOCE

Tenga en cuenta el costo

PUNTOS DESTACADOS DEL CAPÍTULO

Captar la visión puede ser un solitario y agotador proceso.

La visión de Dios para tu liderazgo puede requerir de que tengas que aprender nuevas habilidades o crear nuevos sistemas dentro de tu iglesia.

Puedes comprender que Dios te llama a un ministerio diferente.

Espera que Satanás te confronte mientras te esfuerzas por adquirir la visión de Dios.

La expresión "lo que cuesta vale" es ciertamente una verdad de la visión de Dios para tu ministerio. Y estoy convencido de que pagarás un precio por tu dedicación a la visión.

Posiblemente, el precio más inmediato que pagarás será el de perder a los patrocinadores. Debido a que la visión significa cambio, algunas personas resistirán la perspectiva de cambio, hasta que se den realmente cuenta que están perdiendo la batalla.

Ocuparse con aquellos que se resisten al cambio es duro, pero todavía lo es más cuando debes enfrentar a los que abandonan la iglesia. Los primeros al principio luchan contra la visión, pero luego que se dan cuanta de que el cambio es favorable, se rinden y juegan según las nuevas reglas. Pero los otros dejan la iglesia por no cambiar la posición de comodidad que tienen.

La visión siempre agita el polvo que se ha estancado. Debes estar dispuesto a soportar y delegar las funciones de liderazgo a los que están dispuestos a seguirte. Comprende que si hay personas que no están dispuestas a aceptar la visión de Dios para la iglesia, es porque están en una congregación equivocada. Mantenerlos por razones egoístas no beneficia a nadie.

ES UNA VIGILIA SOLITARIA

Captar la visión y hacer que se vuelva realidad para la gente, puede también ser un proceso angustioso y solitario para algunos líderes.

Primero, el proceso para captar la visión puede ser un tormento. Se pasarán horas y horas en oración, en estudio, en asesoramiento con otros y en análisis de la información. Algunos líderes encuentran este período muy solitario. Otros lo consideran estimulante.

Segundo, el proceso de explicar la visión al personal y a la congregación puede ser difícil. Algunas veces puede ser un período de aislamiento relativo cuando las personas se distancien, hasta sentirse cómodas con la nueva –tal vez la radicalmente nueva– dirección que estás promoviendo.

Finalmente, el uso de la visión como la mediadora de todas las decisiones, planes y evaluaciones puede causar que seas visto de una nueva manera, pero no siempre positiva.

Pagarás un precio en términos de energía gastada para establecer la visión. La gente debe ser instruida. Los que influencian deben ser influenciados. Los obreros importantes deben ser adiestrados nuevamente. Nuevos modos de comunicación deben ser desarrollados. Ministerios y programas deben ser adaptados a la nueva visión. Las relaciones tirantes deben ser sanadas y reforzadas.

Cuando viene la madurez, sabemos que nos encontraremos con la resistencia de Satanás

De hecho, tal vez tengas que aprender nuevas habilidades como: lanzar la visión, planificar estratégicamente, evaluar cada paso de la visión. Es un tiempo para extenderse.

Durante el proceso, puedes ganar discernimientos personales que no son fáciles de aceptar. Esos a menudo se relacionan con las áreas en las que careces de habilidades o dones. Algunas veces se relacionan con los fracasos personales que son traídos a la superficie por el proceso de descubrirse a sí mismo que precede a la clarificación de la visión. Tal vez puedas darte cuenta de que Dios te quiere en un lugar diferente, para un distinto tipo de ministerio en ese tiempo. Nada de esto es fácil de aceptar.

Algunos no le darán la bienvenida al cambio

Necesitas saber que algunas personas se pondrán incomodas con la nueva visión. Unos se agitarán y harán preguntas irritantes; otros estarán tan confundidos que abandonarán la iglesia. No te preocupes por tales pérdidas. Cada uno crece en forma diferente. Cuando la iglesia se mueve en una dirección, Dios puede llamar a algunas personas a crecer en diferente manera. Eso puede significar que deben ser partes de un cuerpo diferente, más de acuerdo con lo que ellos piensan. La visión algunas veces tiene un elemento de limpieza, el que refleja las necesidades de cambio, las condiciones y el crecimiento. Estos cambios son emocionalmente dolorosos, pero pueden ser saludables para la iglesia.

Avance con ímpetu y firmeza

Como cristianos, sabemos que nos encontraremos con la resistencia de Satanás. Crecer en nuestra fe nunca resulta en una tarea fácil, nunca es una tarea sin dolor. Aun la Biblia nos promete algunos tiempos duros en el proceso (2 Corintios 12:7-10).

Pero así como la Biblia nos promete tiempos duros, también nos asegura que Dios estará presente cuando necesitemos fuerza y motivación extra. Él proveerá para nuestras necesidades mientras busquemos servirlo. Así es también contigo, cuando persigas la visión de Dios y te esfuerces en llevarla a cabo con fervor y pasión para su gloria. Vendrán tiempos duros. Pero confía, porque Dios no te olvidará en momentos de duda y dificultad.

Como muchos que han buscado una visión que construya su Reino para su gloria, podrías preguntarte por qué te preocupas con respecto a la visión cuando tu intención ha sido servirlo. La verdadera pregunta es cómo estabas en un ministerio significativo y efectivo sin permitirle a Dios que verdaderamente esté en el centro de ese esfuerzo.

Anímate, porque no conozco ningún visionario cuya dedicación era servir a Dios con toda sus fuerzas, que diga que basar el servicio en la visión de Dios sea un esfuerzo inútil. Ninguno estaría dispuesto a cambiar la manera de realizar la labor después de estar en armonía con el plan de Dios.

TRECE

Captar una visión personal

PUNTOS DESTACADOS DEL CAPÍTULO

Debería desarrollar una declaración de visión personal.

El proceso requiere de estudio, oración y reflexión.

Tal vez necesites asesoramiento especial.

Los resultados pueden transformar tu vida.

El enfoque de este libro hasta aquí ha sido la visión que Dios imparte al pastor para el ministerio de su iglesia. Sin embargo, se espera que cada cristiano viva en todo momento a la luz del llamado especial que Dios ha puesto en su vida. Ese ministerio especial que Él ha diseñado para ti, es la visión de Dios para tu ministerio personal.

A un pastor le ha sido dado un especial privilegio y una responsabilidad para liderar una iglesia. Dios confía su visión al pastor para guiarlo a liderar la congregación en el ministerio y en el desarrollo global.

De la misma forma, Dios espera de cada uno de nosotros, ya sea que guiemos una iglesia o no, asumamos el control de nuestras vidas y las usemos para la extensión de su Reino. Se nos llama a todos a vivir una vida entregada totalmente a su servicio. Nuestra obligación más grande es conocer íntimamente a Dios y dar mayor gloria a su nombre mediante nuestros esfuerzos. Para ayudarte en ese esfuerzo, Dios quiere compartir contigo la visión para tu vida y ministerio.

EL PROCESO

Así como un pastor es el líder de una iglesia, eres llamado a liderar tu ministerio personal y ponerlo en práctica de acuerdo con las expectativas y deseos de Dios, como te fue mostrado en la visión.

Casi de la misma forma en que un pastor busca la identidad de la visión de Dios para el ministerio de la iglesia, tu deberías buscar captar la visión de Dios para tu vida y ministerio. El proceso descrito anteriormente en este libro, conocerse a sí mismo, conocer a Dios, las circunstancias y recibir el consejo inteligente de otros, es el mismo procedimiento que debes seguir al captar la visión para tu vida. Sigue los mismos pasos y comprenderás lo que Dios te ha preparado, y cuál es la tarea especial que Dios tiene para que realices.

Agresivamente busca entender qué es lo que Dios te llama a hacer, que te distingue de los demás y te hace un único embajador de Cristo

Como creyentes en búsqueda de la visión, cada uno de nosotros equilibra la información en forma diferente y por lo tanto arribamos a distintas conclusiones. Muchos buscan por largo tiempo el consejo del pastor para que sea él el que coordine y dé su aprobación en este proceso. Otros más bien recurren a diferentes libros o test para descubrir la vocación. La manera que tú uses para descubrir tu visión puede diferir de cómo otros lo hacen, o cómo a su vez lo ha hecho la iglesia.

Las clave del proceso, sin embargo, deben ser las mismas: la oración; el estudio de la Palabra de Dios, obtener evaluaciones objetivas y mantener una diligente, paciente y enérgica búsqueda de la visión. Generalmente, a los pastores les toma un período de tiempo significativo para comprender claramente la visión para la iglesia. Así que, también es posible que debas perseverar hasta que la visión sea concisa en tu corazón.

¡Qué triste es que muchos cristianos no tienen una cosmovisión o filosofía de vida que influya en sus decisiones y estilos de vida. Pocos han hecho el esfuerzo para obtener el don especial de Dios que les permitiría saber cuál es el propósito divino para sus vidas. Debes ser diferente a esas personas, necesitas ser igual que Pablo, Nehemías, David y otros grandes de la fe; agresivamente busca entender qué es lo que Dios te llama a hacer, que te distingue de los demás y te hace un único embajador de Cristo.

SIRVE EN TU IGLESIA EN ARMONÍA CON LA VISIÓN

Finalmente, tu ministerio llegará a ser más tangible y producirá mayor fruto cuando vivas tu vida de tal manera que estés dedicado a lograr que la visión sea una realidad. Tu comprensión personal del impacto del ministerio y tu mérito personal se remontarán mientras te acercas al cumplimiento de la visión.

Una vez que has determinado la visión que Dios tiene para tu ministerio personal, parte del desafío que tienes por delante es determinar cómo cumplir ese llamado dentro de la visión que Dios ha dado a la iglesia. Cada uno de nosotros es llamado a ser parte integral del cuerpo de creyentes. Al mismo tiempo, se espera que usemos nuestros dones particulares y talentos para satisfacer la visión para nuestras vidas.

Toma tiempo para determinar cómo puedes combinar estas dos avenidas ministeriales en un consistente esfuerzo de extensión y crecimiento. Descubrirás que la iglesia es más exitosa cuando la gente que la compone ha desarrollado formas de incorporar sus habilidades y llamados dentro de la visión global de la iglesia. Esto toma tiempo para entenderlo y para que funcione. Entrégate a ti mismo a ese proceso.

LA VISIÓN REFLEJA REALMENTE QUIÉN ERES TÚ

Mientras que busques la visión de Dios para tu vida, recuerda que ella será un reflejo de las características y anhelos únicos que Dios ha puesto dentro de ti. Tu personalidad, experiencias pasadas y tu contexto para el ministerio darán como resultado un servicio que refleja quién eres tú, y extiende la obra de Dios en el mundo.

El corazón de la visión de Dios para tu vida será servir a la gente. Si te sientes atraído a una visión organizacional o estructural, dedica más tiempo a la oración, al consejo y al estudio, para comprender cómo tu servicio puede hacer una diferencia en las vidas de las personas. Dios no está tan interesado en la organización o en la administración como en cambiar las vidas de las personas, aunque esas habilidades son necesarias en el ministerio. Cuando servimos a la gente, servimos a Dios, y su deseo más profundo es que lo amemos al amar a su pueblo. Contempla la visión a la luz de cómo tu vida será dirigida a amar a la gente y satisfacer sus necesidades.

FACILITA LA RESPONSABILIDAD EN TU MINISTERIO

Es probable que nadie te desafíe con respecto a tu visión, a menos que pidas que un colega de confianza te exija explicaciones. Aunque las iglesias por ser organizaciones siempre tienen sus organismos de control, la mayoría de los cristianos no tienen el privilegio de tener una persona que pueda ser un veedor que pida cuenta y examine la responsabilidad del individuo.

Si quieres tener éxito en el ministerio necesitas juntarte regularmente con uno o más colegas, que puedan determinar si realmente gastas tus energías enfocado en la visión de Dios. Toma en serio las advertencias de ellos; debes saber que Dios los ha ubicado para impedir que te desvíes.

> Permite que la visión te introduzca en zonas incomodas, pero estas contribuirán a tu crecimiento personal

Si sigues la visión, prepárete para ser retado y desafiado más allá de tu zona de comodidad. La visión de Dios para tu vida, como la que Él prepara para una iglesia, te hará crecer y exigir que cambies; agudiza tus habilidades y participa en situaciones en las que tu única esperanza de éxito sea permitir que el Espíritu de Dios te guíe y comisione. Permite que la visión te introduzca en zonas incómodas, pero estas contribuirán a tu crecimiento personal. Permite que Dios te lleve más allá y te ayude a ser un ministro capaz para su Reino.

ENUNCIAR LA VISIÓN

Para aumentar la eficacia de la visión personal, debes enunciarla claramente, al igual que una iglesia, en un lenguaje simple y breve. Desarróllala en una o dos frases, y recuerda qué es lo que Dios desea que hagas.

Ora diariamente para que Él bendiga la visión y tus esfuerzos al tratar de realizarla. Usa la visión para saber qué decisiones debes tomar, y determinar qué oportunidades escoges y cuáles desechas. Usa la visión como la brújula moral y ética cuando examinas las amplias gamas de comportamiento que puedes elegir cada día.

Mientras te fortaleces y enfocas tu servicio con la guía de la visión, otros creyentes buscarán ver qué es lo hace tan efectivo tu ministerio. Debes estar preparado para ayudarles a entender el valor de la visión y lo que significa para tu vida. Aun cuando no te veas como un líder, cuando te consagres para llevar a cabo la visión de Dios tendrás oportunidades de ayudar a otros en el crecimiento personal y espiritual, al guiarlos en el proceso del desarrollo de la visión. Eso, en sí mismo, representa otro ministerio: puedes ayudar a otros a encontrar la visión.

APÉNDICE I

Estudios bíblicos sobre la visión

Los siguientes estudios de la Biblia pueden usarse para ayudarte a compartir los principios de la visión piadosa y la formación de tu equipo de liderazgo en la iglesia u organización.

Estos estudios tienen un propósito de ser un paso sólido en el lanzamiento de la visión. Usa la Palabra de Dios, y permite que el Señor obre a través de ti para que la organización abrace el concepto de la visión.

Una idea sería usar estos estudios en uno o dos días de retiro con tu equipo de liderazgo, para que todos participen del llamado de Dios para la visión.

Otras formas de romper las barreras de la visión en tu iglesia son:

- Ayuda a organizar un estudio bíblico en un hogar, basado en las ideas de la visión encontrados en este libro; incluye los siguientes estudios de la Biblia como un fundamento para el estudio.
- Anima a la formación de un equipo de oración que interceda mientras buscas la visión de Dios para tu ministerio.

ESTUDIOS DE LA BIBLIA

Cada uno de los siguientes estudios bíblicos ha sido diseñado para el uso individual o en grupo durante una sesión de cuarenta minutos. Las preguntas en cada estudio intentan ayudar tanto al líder como a su grupo, a encontrar por cuenta propia lo que el pasaje escrito dice en su contexto, cómo se relaciona con los principios clave de la visión y el liderazgo visionario, y cómo puedes aplicar lo aprendido en los ministerios de la organización.

ESTUDIO 1

La visión y el liderazgo visionario en el Antiguo Testamento

Texto: Proverbios 29:18

La versión Reina Valera traduce Proverbios 29:18 así: *"Sin profecía el pueblo se desenfrena"*. La Nueva Versión Internacional lo hace así: *"Donde no hay visión, el pueblo se extravía"*. La palabra hebrea *"khazon"* en este pasaje se traduce de varias formas: "visión", "profecía" o "revelación". Cada una de estas traducciones subraya el hecho de que la verdadera visión solo viene del Señor.

1. Compara varias traducciones de Proverbios 29:18 y vuelve a escribir el versículo en tus propias palabras.

2. ¿Por qué este versículo dice que tanto tú como tu iglesia necesitan la visión de Dios para el ministerio?

De los siguientes pasajes del Antiguo Testamento, ¿qué se puede aprender de estas personas en cuanto a cómo la visión que Dios les afectó sus vidas?

3. Abraham, en Génesis 12:1-3; 15:1-7; 17:1-15. ¿Por qué Dios

declaró y reiteró tres veces la visión que le dio a Abraham? ¿Qué circunstancias y planes en la vida de Abraham fueron afectados y cambiados por la visión de Dios para él en cada ocasión?

4. Moisés, en Éxodo 3:1-10. ¿Cuántos detalles estratégicos añadió Dios a la visión que le dio a Moisés? (Éxodo 3:11-22; 4:1-17).

5. Josué, en Josué 1:1-5. ¿Cuántos detalles son incluidos en la visión de Dios para Josué sobre la dirección y las metas del plan de Dios para llevar a Israel a la tierra prometida? ¿Cómo es la dirección adicional del Señor en Josué 1:6-9 relacionada a la visión en 1:1-5? ¿Cuán importante fue para la visión identificar y ordenar los recursos (Josué 1:10-15), la información que reúne (Josué 2:1; 22:24), y la planificación estratégica (Josué 3:1-4; 6:1-7)?

6. Nehemías, en Nehemías 2:12. ¿Cómo recibió Nehemías la visión del Señor para reconstruir la ciudad de Jerusalén? (Nehemías 1:3-4; 2:4-5).

7. David, en 1 Samuel 17:34-37, 45-48. ¿Qué actitudes y cualidades inspiraron en David la visión del plan de Dios para Israel? (1 Samuel. 23:15-18). ¿Qué actitudes debería inspirar en ti y tu iglesia la visión del ministerio que Dios les ha dado?

8. ¿Cómo la visión de Dios para cada uno de los siguientes profetas les cambió la forma de vida y ministerio?

Isaías 1:1; 6:1-10

Jeremías 1:4-19

Ezequiel 1:1-28; 2:1-10; 3:4-9

ESTUDIO 2

La visión y el liderazgo visionario en el Nuevo Testamento

De los siguientes pasajes del Nuevo Testamento, ¿qué puede aprenderse de estas personas respecto a cómo la visión que Dios les afectó sus vidas?

1. La visión de Jesús para el ministerio de la iglesia primitiva, en Hechos 1:4-8. ¿Qué visión específica Dios había dado a su pueblo que empezó a ser cumplida y llevada a cabo en Pentecostés, en Hechos 2:14-22? ¿Cómo se relacionó este acontecimiento con la visión que Jesús dio a la iglesia en Hechos 1:4-8?

2. La visión de Pablo para el ministerio, en Hechos 9:15; 26:15-23. ¿Cómo la visión que Dios le dio a Pablo afectó la forma en que él vivía y ministraba? (2 Corintios 11:23-28).

3. La visión de Pedro para el ministerio, en Hechos 10:9-16; 11:4-18. ¿Cómo la visión de Dios para que Pedro evangelizara a los gentiles reiteró y subrayó la visión de Jesús para el ministerio y la misión de la iglesia primitiva en Hechos 1:8? ¿Cómo esto cambió los planes de Pedro para la evangelización?

4. ¿Cómo el ministerio de Pablo fue afectado al continuar recibiendo dirección estratégica de Dios, en Hechos 16:9-10 y 18:9? ¿Qué sugiere esto con respecto a consultar a Dios mientras llevas a cabo la visión para tu ministerio y el de tu iglesia? (ver Proverbios 3:6).

5. ¿Qué conclusiones pueden sacarse de estos pasajes acerca de la forma en que Dios usa la visión?

6. ¿Da Dios líderes o profetas con visión a la iglesia de hoy? Lea

Efesios 4:11. ¿Nos ha dejado Dios sin visión en este tiempo?

7. ¿Qué visión para el ministerio sientes que Dios les da a ti y a tu iglesia?

8. ¿Qué visión para el ministerio dio Dios a la iglesia, en Mateo 28:18-20; Lucas 24:46-49; Hechos 1:8? (Compara Mateo 10:1-8 con 28:18-20; ver también Lucas 9:1-6; 10:1-16; Marcos 16:15-20). ¿Cuánto detalle estratégico está incluido en estos pasajes?

ESTUDIO 3

Recibir la visión de Dios para tu ministerio

¿Cómo la iglesia primitiva recibió de Dios su visión para el ministerio? Un informe registrado en Hechos ocurrió en el año 47 d.C. en la ciudad de Antioquía en Siria. Leer Hechos 13:1-3.

1. ¿Qué hace la iglesia mientras se desarrolla el pasaje? Describe en tus propias palabras lo que es la alabanza (Lucas 24:52-53; Hechos 1:14; 2:42,47; Efesios 5:18-20; Colosenses 3:16), y lo que es el ayuno (2 Crónicas 20:3-4; Hechos 14:23).

2. ¿Quiénes estaban presente? Escribe los nombres. ¿Qué nos dicen estos nombres? ¿Qué clase de personas se encontraban dentro de la iglesia?

3. ¿Cuál es el significado de lo que dijo el Espíritu Santo *"Apartadme"*? ¿Cuál es el significado de la imposición de manos?

4. ¿Cuáles son algunas de las tareas de la iglesia de acuerdo con este pasaje?

5. ¿Qué visión el Espíritu Santo le dio a la iglesia de Antioquía

con respecto a la obra para la que llamó a Pablo y a Bernabé? (ver Hechos 13:2; 19:15; 22:21; 26:16-18).

6. ¿Te ha dado Dios una visión personal y para tu iglesia a través de señalar a ciertas personas a las que dio dones y un ministerio particular?

7. Una vez que la dirección del Espíritu Santo fue declarada en Hechos 13:2, ¿qué hizo la iglesia en 13:3?

8. ¿Buscaban las acciones en Hechos 13:3 confirmación del mensaje? ¿O reflejan dudas por parte de la iglesia?

9. ¿Cuál es el punto más importante que la iglesia de hoy debería aprender de este histórico suceso de Hechos 13:1-3?

10. ¿Qué muestran Santiago 4:13-15 y Proverbios 3:6 acerca de la puesta en práctica y la continuación de la visión del ministerio que Dios te dio a ti y a tu iglesia? ¿Cómo encaja la oración constante en este proceso? (Filipenses 4:4-7; Efesios 5:18).

APÉNDICE II

Una opinión comercial de la visión

Al hablar con individuos que dirigen organizaciones exitosas, ya sean pastores, gerentes o presidentes de compañías, frecuentemente surge un tema común. Ese atributo compartido es la creencia en la importancia de la visión y su compromiso para llevarla a cabo en su más completa extensión.

Si quieres aprender más sobre la visión, relaciónate con líderes exitosos, para entender el contenido y la descripción de sus visiones, cómo llegaron a ella, cómo les ha cambiado sus actividades y relaciones, cómo propagan la autoridad de la visión y las formas de defender la aceptación y práctica de la misma.

Las páginas siguientes presentan las perspectivas de varios líderes visionarios exitosos de grandes corporaciones. Sus pensamientos se ofrecen para ayudar a clarificar la importancia y la situación de la visión, de aquellos que han encontrado que la visión ha hecho toda la diferencia.

EL LIDERAZGO EFECTIVO REQUIERE VISIÓN

Con rápidos cambios que transforman la industria de la electrónica, *Recognition Equipment* era una compañía al borde del colapso en los años ochenta. Cuando Bill Moore fue asignado a la presidencia de la corporación, se dio cuenta de que varios componentes críticos estaban ausentes. Para Moore, el más importante de aquellos era el liderazgo fuerte. Y él cree que el liderazgo es una cuestión de poseer y vender la visión.

"El líder tiene que tener una visión de adónde planea llevar la compañía. Tiene que ser capaz de hacer resaltar esa visión para su organización."

El liderazgo, según la perspectiva de Moore, es una cuestión de conocer a los seguidores: escuchar los pensamientos de colaboradores, y compartir una perspectiva visionaria con ellos de una manera tranquila y discreta. Aprendió que es más efectivo comunicar la esencia de la visión cuando cuenta historias que captan la visión en la acción. Su método es contar historias; a eso llama "dramatizar" la visión.

Debido a que sabe que su organización solo puede ser efectiva si todos avanzan hacia la misma visión, invierte gran cantidad de su precioso tiempo en comunicarla. Critica las formas en que las compañías intentan hacer negocios.

"Yo pienso que todos nosotros estaríamos en mejores circunstancias si invirtiéramos más tiempo en comunicar nuestros planes corporativos, y menos tiempo en perfeccionarlos. Es raro que uno pueda hacer la pregunta, ¿qué trata usted de hacer en esta compañía?, y recibir la misma respuesta de los muchachos de la producción que de los de venta. Pero si uno mantiene la comunicación simple y directa con todos, hay una gran oportunidad para lograr esa consecuente comprensión". [1]

PARECE BIEN

Muchos líderes, lo que incluye a los pastores experimentados, se esfuerzan para entender el impacto emocional personal de abrazar una visión para el futuro. A menudo se piensa que la visión es una comprensión intelectual de un medio tangible para crear un futuro mejor. El factor emocional a veces se pasa por alto.

Quizás pocas personas han descrito los sentimientos que resultan de tener una visión exigente para el futuro, mejor que Ray Kroc.

Un día sus viajes lo llevaron a un restaurante para automovilistas, propiedad de los hermanos McDonald en el sur de California. Fascinado por su método mecanizado para entregas rápidas y una selección limitada de comidas para los clientes, Kroc estudió el negocio y consideró las posibilidades de expansión con la familia McDonald. Después de alguna planificación y negociación, entró en sociedad con los McDonalds en 1954.

Kroc recordó la emoción que sentía después de hacer un cambio decisivo de carrera. "Cuando volé de vuelta para Chicago ese día, tenía en mi maletín un contrato recién firmado con los hermanos McDonald. Yo era un veterano de batalla con cicatrices de guerras comerciales. Pero a pesar de eso estaba ansioso para entrar en acción. Tenía cincuenta y dos años. Padecía diabetes e incipiente artritis. Había perdido mi vesícula y la mayoría de mi glándula tiroides en las operaciones anteriores. Pero estaba convencido de que lo mejor estaba por delante. En ese momento, literalmente yo volaba a una altitud superior a la del avión". Desde el principio, la visión era correcta para Kroc.

Sin embargo, la historia no era completamente color de rosa. Las amargas luchas con McDonalds, una variedad de pleitos y otras experiencias horribles hicieron del camino hacia la fama y la fortuna, una senda llena de baches. Todavía, Kroc sostenía que podía perseverar, porque la visión para el negocio de comida rápida permanecía grabada indeleblemente en su corazón. Él prevaleció a través de períodos en los que dudaba de sus empleados, de los proveedores, de los abogados e incluso de su familia. Aún así estaba convencido de que si perseveraba con esa visión, viviría para contemplar una mañana más luminosa.[2]

REFLEJAR LOS VALORES EN LA VISIÓN

IBM ha sido una empresa líder en los negocios, por décadas. Mientras ha soportado golpes y lastimaduras en el camino, ha seguido siendo un sólido representante a través de un largo trayecto. La razón primaria, según Buck Rodgers, el vicepresidente mundial de ventas, era que la organización expresaba con claridad una visión para la compañía, que reflejaba lo que consideraba de valor. "La primera cosa que uno debe hacer para llegar a ser una gran organización es explicar claramente, por escrito, sus creencias y propósitos".

Rodgers exhorta a los líderes a que recuerden constantemente a la gente la visión y los valores que ella refleja. "Creo firmemente que una compañía debe enunciar sus valores y creencias continuamente a sus empleados en términos simples y sinceros, en reuniones y conferencias, en los memorandos, en hojas informativas y en boletines, en conversaciones informales y en las evaluaciones". Al recordar muchos de los éxitos de IBM, atribuye esas ganancias a la visión común compartida igualmente por ejecutivos y empleados.

Durante sus treinta y cuatro años en IBM, Rodgers cree que el beneficio de trabajar con una visión clara y bien definida siempre estaba presente. "La visión humaniza a la organización y marca el tono, de manera que las personas en la organización sepan cómo hacer el negocio. Es la base para la cultura de una compañía". [3]

LA IMPORTANCIA DE LA ESPECIFICIDAD

A Theodore Levitt se le reconoce ampliamente como una de las autoridades destacadas del mercadeo. Por más de dos décadas ha entrenado a personas en el arte del marketing en la facultad de negocios de la *Universidad de Harvard* y ha servido como editor del *Harvard Business Review*. Ha consultado y estudiado centenares de corporaciones en el mundo.

Según la opinión de Levitt, la visión separa a ganadores y perdedores. "Sobrevivir solamente es una aspiración mediocre. Cualquiera puede sobrevivir de alguna forma, incluso el vago de mala vida del barrio. La gracia es sobrevivir con heroísmo y sentir el impulso que surge de la maestría comercial".

La visión debe venir de un individuo que es un líder fuerte. "Ninguna organización puede lograr la grandeza sin un líder vigoroso que es conducido hacia adelante por su propia y vibrante voluntad para tener éxito. Él tiene que tener una visión de grandeza, que pueda producir seguidores ávidos en grandes cantidades".

Levitt tiene precaución cuando señala que tener una vista amplia del futuro no es suficiente. Su vasta experiencia ha subrayado la importancia de ver el futuro con detalles. Al hablar de las responsabilidades del líder con visión, observa que "El líder tiene que conocer precisamente dónde se quiere ir, y asegurarse que toda la organización es apasionadamente consciente de dónde está ese lugar. Este es el primer requisito del liderazgo, porque si no sabe a dónde va, ningún camino lo llevará allí". [4]

MANEJAR LA ESTRATEGIA

Muchas iglesias, y también corporaciones, a veces se ven trabadas en sus esfuerzos para planear y operar eficientemente. En lugar de crear una estrategia para cumplir con la visión, desarrollan una estrategia laboral, para luego reformar la visión.

La compañía J. M. Smucker ha caído presa de su práctica cuando el ejecutivo más importante, Richard Smucker, dio un paso atrás y se dio cuenta de lo que pasaba. "Nuestro plan básicamente decía dónde estabamos hoy, y que debíamos seguir haciendo lo mismo en todo el futuro". O sea que la apariencia del futuro dependía de que se dieran las casualidades. Smucker y su equipo de administradores más importantes reconocieron la necedad de ese método. "Cuando mirábamos lo que deseábamos ser en el futuro, y no simplemente seguir como íbamos en el presente, al menos teníamos una oportunidad para formar nuestro propio destino".

Smucker dice que tuvo que aprender por dura experiencia la importancia de asegurarse de que las decisiones se toman al pensar desde el centro de la visión, en lugar de optar por estrategias de funcionamiento, planes de mercadeo o tácticas accesibles.

"O usted controla su propio destino, o permite que las fuerzas externas lo hagan por usted. La importancia de la visión es que ella le da ese control. Si la compañía no tiene visión, y el mercado o alguna otra fuerza externa determina hacia dónde la compañía va, es posible que en un futuro cercano no exista más la empresa".[5]

VISIÓN PARA LÍDERES

Para cada uno de estos líderes, la visión fue un elemento integral en su desarrollo personal y corporativo. Como Warren Bennis lo apunta, los líderes "se inventan a ellos mismos" al desarrollar su carácter a través de la aplicación de su visión.

En tu posición en la organización, tienes una clara elección: vivir por designio o por omisión. Dios llama a sus líderes a vivir por designio, para que sigan cuidadosamente la visión que Él ha creado para ellos. De esta manera verás muchos de los mismos resultados descritos por los ejecutivos de avanzada. Aunque tu meta central es radicalmente diferente a la de ellos, tus experiencias, los procedimientos que usas y las consecuencias de poner la visión en acción, transformará tu liderazgo de una manera singular.

Notas

1. Tom Peters y Nancy Austin, *Una pasión por la excelencia (Nueva York: Random House, 1985),* pp. 284, 285.
2. Ray Kroc, *Produciendo (*Washington, D.C., Regnery Gateway Inc., 1977), página 13.
3. Buck Rodgers, *Consiguiendo lo mejor* (New York: Harper Collins, 1987), pp. 20, 21.
4. Theodore Levitt, *La imaginación del mercadeo* (Nueva York: La prensa libre, 1986), pp. 166, 167.
5. Benjamín Tregoe, et. al., *Visión en acción* (Nueva York: Simón y Schuster, 1989), pp. 25, 26, 34, 35.

APÉNDICE III

La visión y la promoción de la iglesia

Examinemos el meollo del tema. Cada iglesia está involucrada en la promoción. Si tienes un aviso frente el templo, en el periódico, en las páginas amarillas, una campaña para el día del amigo u otra información sobre la iglesia para las visitas, si envías cartas a los miembros o te comprometes en alguna de las cientos de actividades diseñadas para atraer a la gente a la iglesia, haces promoción de tu iglesia.

En estas pocas páginas, las preguntas "se debe o no" relacionadas con la promoción de la iglesia, no serán utilizadas. Ese debate ha sido dirigido adecuadamente en otra literatura. El enfoque de esta sección está sobre cuán bien comercializas tu iglesia. La suposición fundamental es que, en todo lo demás que emprendas, tu promoción debe ser hecha con suma excelencia, porque estás comprometido en esa actividad con Dios y no con los hombres (Colosenses 3:23).

Comprende que cuando hablamos sobre promoción, se define como todas las actividades que incluyen una transacción, en la que dos partes voluntariamente intercambian recursos de valor correspondiente. Cuando consideramos el marketing dentro del contexto de la iglesia, buscamos persuadir a la gente a comprometerse en relaciones significativas: primero y principal con Jesucristo; segundo, con otros creyentes.

LOS SIETE PASOS

El proceso de marketing está comprendido en siete pasos. Cada uno, por supuesto, involucra un número de actividades. Si los damos en su orden y los ejecutamos, estos pasos guiarán a una efectiva promoción. La promoción requiere que hagas lo siguiente:

1. Reúne y analiza información

Conoce el ambiente al que has sido llamado a comercializar tu producto o servicio. Entiende la demografía, los valores, las actitudes y las creencias de la población. Comprende la dinámica de la iglesia y tus esfuerzos de promoción, tanto como los de tu competencia. (Recuerda, tu competencia no son las otras iglesias.) Examina tendencias y proyecciones acerca de las necesidades que suplirá tu ofrecimiento.

2. Enuncia tu visión

Armado con la necesaria información, tal como los datos del mercado, la guía de Dios, el consejo de otros y las experiencias pasadas, describe la visión con el fin de esclarecer tu propósito, dirección y objetivos. La visión actuará como el filtro al tomar todas las decisiones relacionadas.

3. Identifica tu base de recursos

Dada la dirección que deseas seguir, debes determinar con qué recursos, gente, facilidades, dinero, ideas, imagen y buena voluntad cuentas. Esos recursos serán importantes en el proceso de planeamiento. Aunque no quieres limitar tu ministerio por limitarte a los recursos que tienes a mano, tampoco puedes perder el tiempo y el esfuerzo si inventas planes que no pueden llevarse a cabo porque careces de recursos.

4. Elabora tu plan de promoción

La mejor promoción es planeada. Como la visión, el plan debe ser escrito. Debe ser presentado con claridad a todos los que tomarán parte de él. En los planes de promoción se incluyen las metas y los objetivos de la organización, las estrategias para satisfacer los fines deseados y las tácticas a ser empleadas. Los presupuestos y la agenda de actividades son parte de esta planificación.

5. Comunica y ejecuta el plan

Los mejores planes en el mundo no tienen ningún valor, a menos que sean puestos en práctica. Esto requiere permitir a la gente que conozca el contenido del plan, de tal manera que puedan llegar a ser parte del desarrollo, y hay que persuadirlos para llevar a cabo el plan.

6. Compara la reacción cuando el plan es llevado a cabo

Durante el desarrollo, es necesario tener sensibilidad con la promoción. Los planes son un esfuerzo para crear orden en el caos y alcanzar los resultados deseados. Inevitablemente, surge lo imprevisto: circunstancias especiales que no fueron anticipadas, información que fue analizada inadecuadamente. Poner atención a las reacciones de la audiencia objetiva te permite ajustar tu promoción a nuevas perspectivas, obstáculos inesperados y oportunidades imprevistas.

7. Corrige y vuelve a ejecutar el plan

Cuando la reacción ha sido analizada y determinadas sus implicaciones, el esfuerzo de la promoción debería ser cambiado para reflejar las nuevas perspectivas. En tal transición, la reacción necesita ser captada para medir el impacto del cambio, lo que resulta en una nueva puesta a punto. El ciclo continúa en esta forma hasta que, o se crea una nueva visión o el plan es alterado por sí mismo.

EL PROCESO DEL MARKETING

LA PROMOCIÓN SIN VISIÓN

Muchas compañías comercializan sus productos sin moverse a través del proceso de los siete pasos. De hecho, decenas de miles de compañías cada año intentan comercializar sus productos y servicios sin tener una visión determinada. Tú puedes leer sobre estas compañías. Ellos generalmente están listados en un registro de organizaciones en quiebra. Realizar la promoción sin cultivar y aclarar la visión es una fórmula ciertamente cercana al fracaso.

He aquí algunas razones de por qué la visión es tan crítica para la promoción exitosa.

1. La visión provee los medios para organizar la información dentro de una perspectiva importante. Uno de mis versículos favoritos es Eclesiastés 12:12 que dice: *"No hay fin de las opiniones listas para expresarse. El estudio de ellas puede seguir por siempre y volverse muy agotador"* (Paráfrasis La Biblia al Día). Sin la visión, podemos caer víctimas de la parálisis de análisis o, lo que es peor, de la insurrección de la acumulación de datos. La visión hace que la información que reúnes tenga propósito. La visión provee una razón para generar información y una estructura para analizarla y aplicarla.

2. La visión integra su misión con las oportunidades existentes. Muchas organizaciones tienen viables declaraciones de la misión. Pero cuando llega el momento para ponerlas en práctica, se diluyen. ¿Por qué? Porque no tienen la precisión dada por una declaración de la visión. Sin la visión, son incapaces de llegar a ser algo más que todos para todos; tales esfuerzos generalmente resultan en nada para todos. La visión provee la dirección necesaria y destaca a la misión.

3. La visión es el ingrediente clave para formular un plan de acción. El plan promoción consiste en estrategias y tácticas. A menos que tengas una visión claramente articulada, no tienes ninguna base para crear estrategias. Tus metas y objetivos carecen de cualquier contexto realista. La promoción llega a ser un concurso en el que la voz más fuerte o el bolsillo más profundo consiguen lo que se proponen. La visión es el factor que une y que dirige el curso de la discusión de la planificación y actúa como un filtro para todas las ideas.

4. Sin la visión, la comunicación del plan de promoción son solo buenas obras. La fuerza impulsora debe ser la visión; de lo contrario, los esfuerzos de promoción pueden ser simples actos de publicidad. Y hay poco que sea tan contraproducente como la promoción a la que le falta pasión. La visión es esa pasión. Especialmente en el contexto de la iglesia, la visión es el catalizador para el crecimiento efectivo, es decir, un ministerio que tiene como objetivo glorificar a Dios, en lugar de servir a los deseos personales o corporativos de las personas.

5. La visión actúa como un filtro para evaluar la reacción. A menudo los líderes de la iglesia reciben las reacciones de la congregación y de los extraños con respecto a la promoción y a las actividades del ministerio de la iglesia. Si esas reacciones son negativas, los líderes pueden responder con cambios en las actividades de la iglesia, para evitar que los críticos continúen.

Puede haber ocasiones cuando las personas critican al ministerio de la iglesia, o a las actividades de promoción, aunque esas actividades estén de acuerdo con la visión. El filtro para evaluar tal crítica es la visión. En lugar de cambiar las actividades del ministerio en respuesta a la murmuración negativa, los líderes pueden mantener su enfoque en la visión y avanzar seguros que hacen lo que es correcto.

Piense en eso en esta forma: la promoción sin visión es como enviar un equipo de construcción al desierto del Sahara con instrucciones vagas para edificar un hotel de lujo, pero sin los planos para el proyecto. Primero, es una actividad a la que le falta un propósito significativo (¿Quién se hospedaría en un hotel en el medio del Sahara?) Segundo, no puede llevarse a cabo porque no existe ningún plan realista ni una comprensión de cómo, por qué y para quién el proyecto será terminado. Tercero, este proyecto representa mala administración. La visión de Dios para el ministerio nunca permite que los recursos sean desperdiciados.

APÉNDICE IV

¿Y qué si...?

Permíteme abordar cinco objeciones comunes que pastores y líderes de la iglesia han formulado con respecto a la necesidad de tener la visión de Dios para el ministerio.

LA OPORTUNIDAD

¿Qué pasa si es la época apropiada del año el tiempo para empezar y desarrollar a cabo el plan de promoción de la iglesia, pero no tenemos una visión clara?

Pon a la iglesia en un tiempo de espera con relación a la promoción e invierte todas tus energías en clarificar la visión de Dios. Haz cualquier cosa que sea razonable para que las cosas fluyan fácilmente en un corto plazo. No hagas ningún compromiso a largo plazo hasta que la visión esté lista.

¿Cómo puedes enfocar energía al tomar la visión cuando esa responsabilidad es del pastor principal?

La congregación debe orar diligentemente por el pastor mientras busca la visión. Los individuos pueden ayudar a reunir la necesaria información de fondo para el contexto de la visión (por ejemplo, los datos demográficos de la comunidad, las estadísticas de la congregación). Aquellas personas que pueden proporcionar un consejo sabio y piadoso, deberían estar dispuestas cuando el pastor los necesite. La iglesia puede liberar al pastor, temporalmente, de esos deberes que pueden ser cumplidos por otros, y animarle a concentrarse en captar la visión de Dios.

EL ACUERDO

¿Qué sucede si la visión adoptada por el pastor contradice la promoción de las actividades actuales de la iglesia?

Siempre que te equivoques, que sea a favor de la visión. Si hay cualquier duda, opta por la alternativa que mejor refleje la visión. La promoción, por el proceso de los siete pasos definidos anteriormente, debe encajar dentro del radio de acción de la visión en lugar de que la promoción defina la visión. Si las actividades de la promoción de la iglesia no coinciden con la visión, el responsable o el que toma la decisión en la iglesia debe terminar con aquellas actividades dirigidas en nombre de la iglesia, pero que están fuera de los límites de la visión.

LOS RECURSOS

¿Qué sucedería si Dios verdaderamente impartiera una visión grande para nosotros, y no tuviéramos el dinero para llevarla a cabo este año?

La visión es un proceso a largo plazo. Se lleva a cabo paso a paso. Deberías estar preocupado si tus líderes vuelven con un plan que indica que la visión puede cumplirse dentro de un año o dos. Eso sugiere que, o la visión es demasiado pequeña, que los que la planearon no la entienden, son poco realistas o no tienen ninguna idea de cómo hacerla.

Piensa en tus actividades de este año, en cómo integrarte parcialmente para satisfacer la visión y para poner el cimiento para los años futuros del ministerio.

LA INTERPRETACIÓN

¿Qué sucede si diferentes personas involucradas en el proceso de promoción llegan a distintas interpretaciones de la visión?

Técnicamente, esto es imposible. Si Dios ha impartido la visión para el pastor principal, entonces él debe interpretar la visión para el resto de la iglesia. No corresponde a los promotores individuales arribar a interpretaciones independientes. La responsabilidad de ellos es desarrollar objetivos, estrategias y tácticas basadas en la interpretación "oficial" de la visión, lo que hará que se vuelva realidad.

EL VEHÍCULO

¿Qué sucede si el pastor principal es conducido por la visión pero menosprecia la promoción, la planificación y otros artificios "mundanos"?

Pide al pastor que explique cómo se puede progresar sin un plan tangible y la promoción adecuada de la visión. Pídele un razonamiento bíblico, o ejemplos de organizaciones donde su teoría haya dado resultados. No aceptes respuestas vagas ni súper espirituales que no tiene fundamento.

El Nuevo Testamento está lleno de ejemplos de seguidores de Dios que participaban en la solución de los problemas. Lucas 14:28-30 registra la parábola sobre calcular los riesgos, con la que nos anima a planear. Si el pastor no puede apoyar el desarrollo de un plan, tampoco puede crear un equipo de ministros. Eso lleva a una iglesia debilitada, un espectáculo de un solo hombre estrella, una iglesia en la que reina la confusión y la anarquía. Si el pastor es incapaz de guiar, estaría mejor en una iglesia que se sienta más cómoda con el tipo de administración que no admite críticas.

Por último, comprende que la visión es el centro de la promoción. Todos los esfuerzos de promoción deben estar en armonía con la visión.